Maynard M. Gordon
Das Iacocca-Management

Maynard M. Gordon

Das Iacocca-Management

verlag moderne industrie

Gordon, Maynard M.:
Das Iacocca-Management / Maynard M. Gordon.
[Aus dem Amerikan. übersetzt von Friederich Mielke]. –
Landsberg/Lech: verlag moderne industrie, 1986
Einheitssacht.: The Iacocca management technique ‹dt.›
ISBN 3-478-32670-2

Titel des Originals: The Iacocca Management Technique – A Profile of the Chrysler Chairman's Unique Key to Business Success
Aus dem Amerikanischen übersetzt von Friederich Mielke

Schutzumschlag: Hendrik van Gemert
Satz: mi-service gmbh, Landsberg/Lech
Druck und Bindearbeiten: Wiener Verlag, Wien
Printed in Austria 320 670/386 501
ISBN 3-478-32670-2

Inhaltsverzeichnis

Einführung

»Chryslers Le Baron: aggressiv und rauhbeinig; aber Iacocca ist auch ein vorbildlicher Familienvater.«

»Ein vitaler Industrieboß wird zum Superstar. Der aufrichtige Lee Iacocca ist Amerikas neuer Volksheld.«

»Iacocca: Amerikas Wunder als ›Verbraucherfeind Nr. 1‹.«

»Japan-Gegner Iacocca macht Schlagzeilen in Tokio.«

»Die zwei Iacoccas. Oft spricht er brilliant über die Wende bei Chrysler, oft verklemmt über seine Karriere bei Ford.«

»Das Wunder von Detroit. Lee Iacocca ist der Mann hinter dem Wunder und heutiges Idol aller Macho-Männer. Er spricht über Gesundheit, Helden, die italienische Küche, Katholizismus, Familiengemeinschaft, die US-Präsidentschaft und seine neue AUTObiographie.«

»Iacocca sollte lieber Autos verkaufen und sich aus der Politik heraushalten.«

»Gibt es ein Leben nach Iacocca? Kann Chrysler so weitermachen?«

Diese Schlagzeilen erzählen die Geschichte vom kometenhaften Aufstieg eines Managers zur nationalen Berühmtheit als Retter eines todgeweihten Automobilkonzerns. Lee Iacoccas Name ist heute in aller Munde. Man spendet so viel Anerkennung und Applaus, daß er bereits als US-Präsidentschaftskandidat für die Demokraten im Jahre 1988 in Frage kommen könnte.

Die Schlagzeilen und der Presserummel vergessen aber zu erwähnen, wie Iacoccas Managementmethoden aussehen und wie er seine Entschlüsse in die Tat umsetzte, zunächst als Präsident der Ford Motor Company und dann als Präsident der Chrysler Corporation. Wie konnte Iacocca die wundersame Wiedergeburt von Chrysler ermöglichen – und wie hat er die unzähligen Hindernisse zur Seite geräumt?

Dieses Buch beschreibt die Entwicklung von Iacoccas Methoden der Unternehmensführung – nicht als Seelengeschichte oder schmeichelnde Wahlkampfbiographie, sondern als Aufzeichnung von Fakten, die Verehrern und objektiven Betrachtern zugleich nützen können. Nicht jeden Tag entläßt man den erfolgreichen Präsidenten eines riesigen Automobilkonzerns und sieht ihn dann zur sterbenden Konkurrenz übergehen, wo er eine vollständige Wiederauferstehung in die Wege leitet. Seit 1940 ist kein Unternehmensführer aus der Privatwirtschaft ernsthaft als aussichtsreicher Präsidentschaftskandidat angesehen worden. Einmal nur gelang es dem Direktor eines Versorgungsbetriebes, Wendell Willkie, von der republikanischen Partei nominiert zu werden. Lee Iacocca wurde am 15. Oktober 1985 einundsechzig Jahre alt und erreichte somit genau das Alter des Chrysler-Konzerns, den er vom Rande des Grabes zurückbringen konnte. Jetzt könnte eine neue Karriere auf ihn warten: Regierungschef seines Landes zu werden.

Zur Zeit fragt man sich in Amerika, ob Iacoccas Führungsstil oder die Methoden eines ähnlichen Topmanagers auch im Weißen Haus Erfolg haben könnten. Die amerikanischen Großkonzerne sind nicht demokratisch strukturiert, auch wenn die Geschäftsführung jährlich von den Aktionären gewählt wird. Entscheidungen werden von den Direktoren gefällt, die von der Firmenspitze eingesetzt wurden – und diese Entscheidungen werden fast nie von der obersten Geschäftsführung zurückgenommen. Der höchstrangige Unternehmensleiter, meistens der Vorstandsvorsitzende, bestimmt die Spitzenmanager, mit denen er »zusammenarbeiten« möchte. Seine Autorität ist absolut und unterscheidet sich kaum von der Macht der römischen Päpste oder der russischen Zaren.

Selten hat sich die Geschäftswelt so intensiv mit den Erfolgsmethoden der besonders tüchtigen »Supermanager« beschäftigt. Man begibt sich leidenschaftlich auf die »Suche nach Spitzenleistungen«. Dieser Bericht über Iacoccas Führungsstil wurde in der Absicht geschrieben, seinen Aufstieg bei Ford zu erklären und Licht auf die Umstände zu werfen, unter denen er den fast schon verstorbenen Chrysler-Konzern hochbrachte und Rekordumsätze und Höchstgewinne in nur sechs Jahren erreichen konnte.

Wer Iacocca seit langem beobachtet stellt fest, daß er durch Motivierung führt und durch Führung motiviert. Dieses Buch erscheint zu einer Zeit, die man »das Zeitalter des Managers« genannt hat. Es beschreibt die Erfolge eines unumstrittenen Meisters in der Kunst der Unternehmensführung.

Iacocca hat in seiner Autobiographie und in einigen aufschlußreichen Interviews deutlich dargelegt, wie er sich auf dem Weg zur Macht reibungslos in die Firmenstruktur von Ford und Chrysler eingefügt hat und zum unverfrorenen Herrscher wurde, als er die Spitze erreicht hatte. Er spricht aber nicht von den Fehlern und Unterlassungen seiner neununddreißigjährigen Karriere, nicht von dem ständigen Auf und Ab des Chrysler-Konzerns und seinen schwierigen Vorgängern.

Die Geschichte von Iacoccas Aufstieg zum jedermann bekannten Star-Manager, zum »Primus inter pares«, ist jedoch mehr als die Diplomarbeit eines Betriebswirtes über Iacoccas Führungsstil im Vergleich zu Führungsmethoden anderer Manager. Ohne eine Reihe von bedeutenden Aspekten wäre der ›mysteriöse‹ Iacocca der 80er Jahre wohl nicht so bekannt geworden: seine Ausbildung bei Ford, die wechselhafte Firmengeschichte von Chrysler, das Zusammentreffen seiner Übernahme der Chrysler-Werke mit dem Höhepunkt der Krise bei Chrysler, eine wohlwollende Regierung in Washington, seine erstaunliche Fähigkeit, Chancen zu nutzen und die Unterstützung von Angestellten, Händlern, Regierungsbeamten und der öffentlichen Meinung zu gewinnen.

Der Erfolg eines Topmanagers zeigt sich am besten daran, was aus dem Konzern wird, wenn der Spitzenmann die Firma verlassen hat. Es muß ein tüchtiger Nachfolger im Spitzenmanagement gefunden werden. Der verbitterte Iacocca ließ keinen Zweifel daran, daß er erwartete (oder erhoffte), der Ford-Konzern würde 1978 nach seinem Hinauswurf durch Henry Ford II auseinanderfallen. Hat er sich jetzt um seine Nachfolge bei Chrysler gekümmert, oder wird es zu schwer werden, sein Erbe beim drittgrößten Autokonzern zu übernehmen?

Dieses Buch befaßt sich mit zwei Perioden der Automobilgeschichte. Es wurde von einem Journalisten geschrieben, der seit dem Zweiten Weltkriege einundvierzig Jahre lang die Automagnaten kommen und gehen gesehen hat. Kein heute noch arbeitender »Überlebender« hat die Automobilszene so entscheidend beherrscht wie Iacocca, den ein leitender Angestellter der Werbeabteilung bei Chrysler »die größte Trumpfkarte genannt hat, die ein Automobilkonzern je gehabt hat«.

Das Hauptthema dieses Buches ist die Macht und deren Ausübung durch einen der kompetentesten Machtträger, den es seit vielen Jahren gegeben hat.

1. Herkunft und Vorbilder

Wie konnte es Lido Anthony Iacocca gelingen, den Quantensprung als Sohn eines italienischen Emigranten zu den Höhen des amerikanischen Topmanagements zu schaffen, einer der beliebtesten »Unternehmensführer« und Vorbilder der amerikanischen Autoindustrie zu werden?

Iacoccas Vater war ein strenger Zuchtmeister der alten Schule; so jedenfalls beschreibt ihn sein Sohn, wenn er über die Kindheit in Allentown, Pennsylvania, spricht. Dort wurde Nicola (Nick) Iacocca erfolgreicher Immobilienmakler, nachdem er während der großen Depression ein ähnliches Geschäft verloren hatte. Nicks Sohn wurde am 15. Oktober 1924 geboren, zwei Jahre nach seiner Schwester Delma. Der Vater wünschte sich, daß ihn der Sohn bei weitem übertreffen sollte. Bei Iacocca Senior gab es kein wenn, hätte und aber.

Der Apfel fiel nicht weit vom Stamm. »Strebsam und zielbewußt müssen die Leute sein, die ich für Spitzenstellungen brauche«, schrieb Lee Iacocca später. Er selbst brachte immer gute Zensuren nach Hause und war zwölftbester Schulabgänger von 1000 Schülern.

Iacoccas Mittelname, Anthony, stammt vom Namen seiner Mutter ab: Antoinette. Sie wurde in Neapel geboren und beherrschte die italienische Kochkunst. Noch heute ist Iacocca stolz darauf, zusammen mit seiner Tochter Lia zuhause in Bloomfield Hills bei Detroit italienisch zu kochen (am liebsten Pasta). Er packt in den meisten Bereichen selbst an, wie einige Ingenieure, die mit ihm bei Ford und Chrysler gearbeitet haben, nur zu schmerzhaft bezeugen können.

Im zehnten Schuljahr überfiel Iacocca das Rheuma, das ihn langfristig behindern sollte. Zwar blieb sein Herz unversehrt, aber er mußte jeglichen Sport aufgeben. Im Zweiten Weltkrieg wurde er dann zurückgestellt, so daß er unbewußt ein zusätzliches Hindernis überwinden mußte, als er sich später bei Ford mit den *whiz kids* auseinandersetzte, den »flotten Jungs von der Luftwaffe«, die von Henry Ford II angeworben wurden.

Als Schüler ging Iacoccas ganzer Ehrgeiz in das Studium von Büchern und der Redekunst. Die Grundlagen seiner Fähigkeiten als großer Kommunikator wurden während seiner Kinderkrankheit gelegt. Allerdings entstand auch eine fast hypochondrische Phobie wegen seiner Gesundheit und der Sicherheit seiner Freunde und Familie. Durch den langen Kampf seiner Frau Mary gegen Diabetes, der noch durch eine Herzkrankheit verschärft wurde und 1983 im Alter von siebenundfünfzig Jahren zum Tod führte, hat Iacocca Mitgefühl für kränkliche und schwache Mitarbeiter erworben. Es stimmt somit nicht, daß er blasiert und gefühllos ist.

In den 20er Jahren baute Vater Nick Iacocca eine der ersten amerikanischen Autovermietungen auf, die Agentur »U-Drive-It«. Vom verdienten Geld konnte er sein erstes Immobilienbüro finanzieren. Autos von Ford wurden Nicks populärste Mietwagen. Jahre danach war es auch ein Ford, in dem Lee zwischen dem Reihenhaus seiner Eltern in Allentown zur benachbarten Lehigh Universität fuhr.

Noch heute sind viele Automanager darüber erstaunt, daß Iacocca zwei Ingenieurdiplome besitzt. Zu sehr wird sein Name im Zusammenhang mit Marketing und Verkauf genannt. 1945 erhielt er den ersten Ingenieurgrad von der Lehigh-Universität in Pennsylvania. Er verließ dieses Institut mit »großen Ehren« und einem sehr guten Zensurendurchschnitt. Wenn es um die Entwicklung neuer Produkte ging, hat Iacocca immer schnell auf seine Ausbildung als Ingenieur hingewiesen. Durch den Magister in Ingenieurwissenschaften von der Princeton-Universität wurde er in die Reihen der prominenten Hochschulabsolventen dieser Eliteuniversität aufgenommen.

Kurz nach dem Diplom von Lehigh bewarb sich Lee 1946 für einen fünfzigköpfigen Ausbildungskurs bei Ford. Man sagte ihm, daß er auch nach dem Princeton-Diplom an dem Kurs teilnehmen könnte. Als sich Lee später erneut bewarb, hatte ein neuer Direktor bei Ford das einstige Versprechen vergessen. Doch im typischen Iacocca-Stil konnte er so lange reden, bis für ihn Platz gemacht wurde und er am Kursus teilnehmen konnte. Iacocca meint, daß Selbstvertrauen – »der Glaube an uns selbst« – das Wichtigste überhaupt sei. »Symbole bedeuten nichts, so lange nicht auch Werte damit verbunden sind«, kann er überzeugend darlegen.

Zunächst kam Iacocca bei Ford zur Abteilung für Kupplungsfedern. Denn schließlich war der junge Aspirant ein frischgebackener Ingenieur, der reibungslos in die Welt der Techniker passen sollte. Doch die Arbeit der Mechaniker schmeckte ihm nicht. Er kehrte nach Allentown zurück, war aber weiterhin an einer Mitarbeit bei Ford interessiert.

Zum Glück suchte Ford gerade einen Lastwagenverkäufer in Chester im Bundesstaat Pennsylvania. Ein Verkaufsveteran bei Ford, C. R. Beacham, war mit der Einstellung des neuen Verkäufers beauftragt. Ihn beeindruckten Iacoccas Ingenieurdiplome, und er stellte den jungen Kandidaten ein. Beacham sah eine günstige Gelegenheit, den Diplomingenieur für den Verkauf von schweren Lastwagen an erfahrene Käufer einzufangen.

Iacocca brachte die Laster so erfolgreich an den Mann, daß man ihm auch den Verkauf von Personenwagen überließ. Schon damals war er ein verschlagenes Verkaufsgenie. So zeichnete er insgeheim das Verkaufsangebot eines Verkäufers auf Tonband auf und spielte es in einem Abendkurs vor, um das Verkaufsgespräch vor den Teilnehmern zu bewerten. Er übernahm den gesamten Wagenbestand eines Gebrauchtwagenhändlers in Pennsylvania und verhökerte alles, indem er den Nummernschildern das Alter der Autos entnahm und somit die Besitzer ermittelte, die ihren Wagen wohl gern eingetauscht hätten. Der Bestand war nach drei Wochen verkauft.

Beacham wurde Iacoccas Vorbild: Er konnte eiskalt sein und dennoch mit südländischem Charme überzeugen. Beacham trieb Iacocca an, der bald zum Verkaufsleiter der mittelatlantischen Zone ernannt wurde.

»Geld machen und alles andere liegenlassen!« war Beachams Rat an den jungen und ehrgeizigen Gebietsleiter. »In diesem Geschäft geht es um Profit, mein Junge, sonst nichts. Alles andere ist Humbug.«

Von Anfang an hielt Beacham Iacocca für einen Manager, der weitaus mehr als seine Pflicht tat. Aber gleichzeitig kritisierte er Iacoccas Entschuldigungen, wenn die Absatzziele nicht eingehalten wurden. Beacham kannte alle Alibis und riet Iacocca, sich im Spiegel zu betrachten, wenn etwas schiefgegangen war. Mit dem Vorgeschmack späterer Macht übernahm Iacocca einen Großteil von Beachams knallharter Einstellung gegenüber den Untergebenen. Es gibt keine Entschuldigungen; und wenn Du den Dingen nicht ins Gesicht sehen kannst, dann gute Nacht, Charly!

1956 fiel der Absatz bei Ford, weil eine vorübergehende Nachfrage befriedigt war. Ford suchte einen Verkaufstrick. Zunächst schlug der Versuch fehl, mehr Sicherheit in Autos zu verkaufen. Iacocca hatte versucht, Eier auf ausgebaute und »gepolsterte«

Amaturenbretter der Autos fallen zu lassen; doch die Eier zerschellten, und das Experiment ging daneben. Jetzt stellte Iacocca seinen neuesten Slogan für die Händler im Gebiet um Philadelphia vor: »56 Dollar im Monat für einen 56er Ford«. Dieser Spruch erweckte das Interesse von Robert McNamara, dem damaligen Verkaufsvorstand der Ford-Werke und späteren Präsidenten des Konzerns, bevor er Präsident John F. Kennedys Verteidigungsminister wurde.

Iacoccas Spruch wurde von Ford im ganzen Lande verbreitet, und schon war der Name des »Beacham-Jungen« aus Pennsylvania, Lee Iacocca, in der ganzen Ford-Zentrale gut bekannt.

In der regionalen Ford-Verkaufsabteilung von Chester lernte Lee Mary McCleary kennen, die dort im Empfang arbeitete. Sie verliebten sich und heirateten, als Lee zum Gebietsverkaufsleiter der Region um Washington befördert wurde. Mit Hilfe von Charlie Beacham sollte der Ruf nach Dearborn in die Ford-Zentrale nicht lange auf sich warten lassen.

Iacocca gibt zu, daß sein Mentor Beacham und das Glück, zur rechten Zeit am rechten Ort gewesen zu sein, die steile Karriere beschleunigt haben. Aber nicht alles war Glück und nur Beachams Unterstützung. Während der frühen Gastvorstellung an der atlantischen Küste zwischen Norfolk und Jacksonville hat er einige Verhaltensweisen angenommen, die seinen Führungsstil geprägt haben.

Zunächst befolgte er Beachams Rat, sich mit »Lee« und nicht etwa »Lido« von den Händlern und Verkäufern des Südens anreden zu lassen. »Iacocca« konnte sowieso niemand aussprechen. Dann beauftragte er seine Angestellten, sowohl tüchtige als auch umsatzschwache Autohändler zu besuchen. Lee erbat sich wöchentliche Berichte über die Händler und überprüfte die Berichte persönlich, um Verbesserungen nach den Besuchen bei den erfolglosen Händlern feststellen zu können.

Aus diesem Verfahren entwickelte sich die Methode der regelmäßigen Kontrollen, die er später bei Ford und Chrysler einführte. Iacocca ist fest davon überzeugt, daß Vorgesetzte die Leistung der Untergebenen vierteljährlich überprüfen müssen. Es gäbe keinen besseren Weg, »den Anstoß zu neuen Ideen für die Bewältigung von Problemen zu geben«, meint er.

Iacocca rechnet es Charlie Beacham hoch an, ihm die Kunst der Menschenführung beigebracht zu haben. Iacocca kann wenig mit ehrgeizigen Führungskräften anfangen, denen es nach Aussage ihrer Vorgesetzten nicht gelingt, vernünftig mit den anderen Kollegen auszukommen.

Beacham hat Iacocca gelehrt, hundertprozentige Loyalität von seinen Untergebenen zu erwarten. E. F. (Gar) Laux, ein Kollege bei Ford, der später auch zu Chrysler ging, hat bezeugt, daß Lehrer Beacham and Schüler Iacocca »rücksichtslos« wurden, wenn es sich um Fragen der Arbeitsmoral handelte. Laux beteuert, daß »Lee den Leuten in den Hintern trat, wenn er überzeugt war, daß etwas noch besser gemacht werden konnte. Er hätte sich nicht darum gekümmert, wenn er nicht der Meinung gewesen wäre, daß der betroffene Angestellte das Zeug dazu hatte. Erst wenn er von dir nichts mehr wissen wollte, hat er dich ignoriert.«

Laux und Iacocca wurden im November 1956 gemeinsam von Beacham in die Ford-Zentrale nach Dearborn geholt. Laux erinnert sich, daß Beacham besonders hart mit seinen tüchtigsten Mitarbeitern umsprang. Einmal hatte sich Beacham so wild über Laux hergemacht, daß Gar Beachams Büro mit den Worten verließ: »Keiner hat das Recht, so mit mir umzugehen.«

Beacham bestellte Laux zurück und bemerkte trocken: »Wenn ich nicht überzeugt wäre, daß Du der richtige Mann dafür bist, würde ich mich einen Schmutz darum kümmern. Und jetzt hau endlich ab!«

Diese Art Szenen wiederholten sich unter Iacoccas Regie nur zu oft. Wie Vater Nick, wie Vaterfigur Charlie, so der Sohn Lee.

2. Aufstellung der Truppen

Im Dezember 1960 war Iacocca sechsunddreißig Jahre alt und hatte so hervorragende Arbeit in der zentralen Verkaufsabteilung bei Ford geleistet, daß er zum Generalbevollmächtigten für Verkauf ernannt wurde – damals wie heute der zweitgrößte Lieferant von Neuwagen in den Vereinigten Staaten.

Für den aggressiven Iacocca bot sich mit der neuen Verantwortung eine goldene Gelegenheit, eine Reihe von besonderen Management-Methoden anzuwenden. Bei Erfolg würde Ford das große Ziel erreichen, Chevrolet im Neuwagenverkauf zu überrunden; und Iacocca wäre in der Lage, noch mehr Verantwortung bei Ford zu übernehmen und zur Spitze aufzusteigen.

Sollte sein Plan mißlingen, so wäre die »brillante Karriere« bei Ford beendet. Der Firmenchef Henry Ford II verlor McNamara in den späten 60er Jahren an die Kennedy-Regierung und konnte sich nur zögernd entschließen, Arjay Miller als seinen Nachfolger zum Präsidenten bei Ford zu ernennen. Miller war Finanzexperte und hatte wenig Interesse am Produkt. Iacocca und Miller waren in bezug auf Management-Methoden nicht aus dem gleichen Holz geschnitzt – Miller war mehr der konservative Typ von General Motors, und Iacocca wohl der aggressivste und dynamischste Antreiber in der gesamten Automobilbranche. Arjay wurde später stellvertretender Vorstandsvorsitzender bei Ford und blieb im

Aufsichtsrat; ein erfolgloser Iacocca wäre Miller nur zur Last gefallen. Und Iacocca, der seine Freunde und Feinde wohl unterscheiden konnte, war sich des persönlichen Risikos bewußt.

Doch Lee ließ sich als Verkaufschef nicht von irgendwelchen Gefahren einschüchtern. Sein geheimer Karriereplan hatte ihn schließlich schon 1959 an die Spitze gebracht, nicht erst 1960. Er war jetzt fünfunddreißig Jahre alt, das Mindestalter, um in den Vereinigten Staaten zum Präsidenten gewählt werden zu können!

Als Henry Ford Iacocca zum Verkaufsvorstand machte, kam es zum ersten längeren Gespräch zwischen den beiden während der gesamten 14 Jahre, die Iacocca bei Ford arbeitete. Später gab es nur noch wenige Gespräche, und Iacocca scheint anzudeuten, daß er mit dieser distanzierten Haltung seines Vorgesetzten nicht einverstanden war. Es ginge nicht an, so Iacocca, daß die Geschäftsführung die leitenden Angestellten nur bei Ausschuß- oder Vorstandssitzungen sieht. Verschlossenheit gehört nicht zu Lees Führungsstil; und keiner kann behaupten, daß er bei Iacocca schriftlich oder durch einen Dritten eingestellt, befördert, bestraft, belohnt oder hinausgeworfen wurde.

Der dreiste Iacocca mußte sich in der Ford-Zentrale mit einem großen Problem auseinandersetzen: Er war weitaus jünger als die anderen leitenden Angestellten. Wieder war es Beachams Rat über das Motivieren und Kontrollieren, der ihm den Respekt der älteren Führungskräfte einbrachte. Fords Kampagne, »Chevrolet im Verkauf zu schlagen«, was tatsächlich bereits in einem Modell-Jahr erreicht werden konnte, vereinte die Truppen unter einer gemeinsamen Fahne: es war der Stil Heinrich V., aufgeführt von Prinz Lee. Und wie Shakespeares Heinrich V., der die Briten gegen die Franzosen anführte, versammelte Iacocca eine Gruppe getreuer Gefolgsmänner um sich. Er wollte eine Iacocca-Truppe gegen jegliche Firmenclique aufstellen. Das war zwar gerissene Firmenpolitik aber auch kluge Strategie. Die »Iacocca-Bande«

bestand nicht nur aus Leichtgewichten. Zu ihr gehörten Harold Sperlich, ein Produktplaner, der noch vor Iacocca zu Chrysler ging und jetzt Präsident bei Chrysler ist; John Nevin, der später zunächst bei Zenith und dann bei Firestone den Vorsitz übernahm, und Donald Frey, der nach Iacocca den Verkauf bei Ford leitete und nun Vorsitzender von Bell & Howell ist.

Das Glück, das zugestandenermaßen Iacoccas Karriere begünstigte, beschränkte sich nicht nur auf McNamaras Übertritt zur amerikanischen Regierung , wodurch er McNamaras konservative Methoden der Produkt- und Verkaufsstrategie aufbessern konnte. Ford hatte in den späten 50er Jahren eine der schwersten Niederlagen im Automobilgeschäft hinnehmen müssen, als der Mittelklassewagen Edsel gleich nach seiner Entwicklung wie eine lahme Ente stehenblieb. Iacocca übernahm keine Verantwortung, die er in der Tat auch nicht hatte. Doch Ford wollte das schlimmste verhüten und bat Iacocca, das Geschick der Firma zu wenden und die Arbeitsmoral zu heben.

McNamara hatte keine glückliche Hand im Autogeschäft. 1960 lancierte er den konservativen Kleinwagen Falcon, der als Gegenstück zu den neuen Corvair von Chevrolet, Valiant von Plymouth und Käfer von Volkswagen gedacht war. Der Falcon lief zu Anfang sehr gut. Dank Iacoccas Vertriebs- und Marketingmethoden konnten im ersten Jahr mehr als 417 000 Wagen ausgeliefert werden. Ein gutes Omen für Iacoccas Aufstieg zur Verkaufsspitze. 1964 sollte sich der Erfolg noch vergrößern, als der beliebte Sportwagen Ford Mustang eingeführt wurde und die Verkaufsergebnisse des Falcon übertraf.

Iacocca übernahm das Erbe der drastischen internen Finanzkontrollen, die Miller und der altgediente Vizepräsident für Finanzen, J. Edward Lundy, rigoros befolgt hatten. Unter Henry Ford I glich das Finanzsystem der Firma einem Scherbenhaufen. Viele wunderten sich jedoch über das Paradox, daß der flotte und karrierebewußte Iacocca sich so intensiv an ein System klammerte, das von einigen als Zwangsjacke empfunden wurde.

Doch während Iacoccas Zeit bei Ford – von 1946 bis 1978 – hat die Finanzabteilung der Geschäftsführung und den leitenden Angestellten keine Zwangsjacke angelegt – etwa in der Art, die bei General Motors »Erbsenzählen« genannt wurde. Vier der letzten fünf Vorstandsvorsitzenden bei General Motors einschließlich Roger B. Smith waren Chefs der Finanzabteilung gewesen. Ed Lundy, einer von Fords typischen *whiz kids,* wurde niemals ernsthaft zur Beförderung vorgeschlagen, obwohl er entscheidend an der Gestaltung der Firmenpolitik beteiligt war.

Iacocca umgab sich mit einer Palastwache von getreuen Gefolgsleuten und führte das »schwarze Buch« ein, mit dem er alle höheren und mittleren Angestellten genau bewertete. Lee hatte den Ruf, die Leistung jedes Angestellten zu kennen, indem er ein schwarzes Buch über die Leistung deren Vorgesetzter führte, die ihm wiederum unterstellt waren. Diese Vorgesetzten mußten die eigenen Untergebenen genau bewerten. Das schwarze Buch war zwar eine düstere Angelegenheit, aber Iacocca war überzeugt, »daß man niemanden beurteilen kann, ohne ihn regelmäßig aufmerksam zu beobachten«.

Diese Methode der ständigen Bewertung und Überprüfung ging Hand in Hand mit der Anweisung, jedes Vierteljahr neue Ziele zu setzen und zu erreichen. Dies war Iacoccas Kontrollsystem, das er bereits als Gebietsverkaufsleiter für den Verkauf entwickelt hatte: Jeder Abteilungsleiter und jeder Mitarbeiter wurde angewiesen, Prioritäten zu setzen: den Absatz von Lastwagen zu steigern, den Marktanteil zu vergrößern, die Verkaufszahlen von Chevrolet zu übertreffen, die Garantieforderungen der Autobesitzer zu vermindern und so weiter.

Die erste Woche im Vierteljahr wurde »Knirschzeit« genannt, weil Iacocca dann besonders kritisch war. Er wollte wissen, warum die Garantiekosten nicht gesenkt wurden oder warum die Handschuhfächer immer noch klapperten. Wenn der verantwortliche Leiter einem Mitarbeiter die Schuld in die Schuhe schieben wollte, mußte Iacocca wissen, warum das Problem nicht früher angesprochen wurde. Sollte der Abteilungsleiter seine Schuld eingestehen, gab es ein Donnerwetter und den Auftrag, die Ziele für das nächste Vierteljahr neu zu definieren. So mancher stolze Manager bei Ford brach allvierteljährlich in Panik aus. Dazu meinte Iacocca: »Wenn er eine gute Führungskraft ist, muß er viermal im Jahr durch den Wolf gedreht werden. Manchmal können es die Leute gar nicht abwarten, denn sie hatten sich verteufelt gut angestrengt. Dann erzählen sie alles und hoffen dabei auf eine Gehaltserhöhung . . . und die kommt dann tatsächlich.«

Iacocca brauchte vier bis fünf Jahre, um die Organisation bei Ford mit rigorosen Führungsmethoden auf Vordermann zu bringen. Ein Marketing-Chef verließ Ford und wechselte zu einer anderen Autofirma über. Er hatte nichts gegen Iacoccas System, meinte aber, daß Iacocca seine Macht wie ein Diktator ausübte, um unbeliebte Untergebene zu bestrafen: »Aus Kontrolle wurde Arroganz«, fügte er hinzu.

Iacocca hat sein Überprüfungssystem verteidigt und behauptet, es hätte das Selbstverantwortungsgefühl der Abteilungsleiter gestärkt. »Die Disziplin, etwas schriftlich zu fixieren, ist der erste Schritt zur Verwirklichung eines Plans.« Angeblich hat Iacocca diesen Wahlspruch von McNamara übernommen. Er nennt fünf positive Ergebnisse des vierteljährlichen Überprüfungssystems:

1. Der Dialog zwischen Chef und Abteilungsleitern wird intensiviert. Die Teamarbeit zwischen den Führungskräften wird verbessert, selbst wenn sich die Leute nicht leiden können.
2. Die Vorgesetzten können tüchtige Untergebene besser erken-

nen, die sonst in der riesigen Organisation untergehen würden. Außerdem können nachlässige Mitarbeiter besser erkannt werden.

3. Die Führungskräfte erhalten den Eindruck, eigene Ziele und Aufgaben zu haben und nicht nur eine Ameise oder die rechte Hand des Bosses zu sein.
4. Abteilungsleiter werden um so produktiver, je größer ihre Eigeninitiative ist.
5. »Ich habe noch keinen besseren Weg gefunden, Probleme effizienter zu lösen und neue Ideen zu entwickeln.«

Kritiker des Kontrollsystems, voran der Guru der Produktqualität, W. Edwards Deming, ein wichtiger Berater der Automobilindustrie, halten Iacoccas System für unproduktiv: »Niemand möchte einem Kollegen helfen, weil der andere dann vielleicht eine bessere Beurteilung erhalten wird«, meint Deming.

Die tiefe Verwurzelung des Überprüfungssystems bei Ford erklärt zum Teil, warum Iacocca später so viele Führungskräfte von Ford zu Chrysler brachte. Nur drei Vizepräsidenten wurden bei Chrysler nicht entlassen. Die Überläufer von Ford, voran Gerald Greenwald (jetzt stellvertretender Vorstandsvorsitzender bei Chrysler), waren fest von den Vorteilen des Kontrollsystems überzeugt. Die Leute bei Chrysler, die dann von Ford-Managern ersetzt wurden, waren es gewohnt, ihr eigenes »Reich« ohne oder nur durch sehr oberflächliche Bewertungen durch Vorgesetzte zu regieren.

Iacocca glaubte, daß seine alten Ford-Leute ihren Vorgängern bei Chrysler Mann für Mann überlegen waren (es gab damals noch keine Frauen im Topmanagement). Ein Chrysler-Veteran aus dem Ingenieurbereich bemühte sich, Iacoccas neues System der »Berichterstattungen und Beurteilungen« zu lernen. Aber er schaffte es nicht und konnte es nicht bei seinen untergeordneten Ingenieuren durchsetzen. Und dennoch war es diesem Ingenieur gelungen, zusammen mit Sperlich viele der Produkte mit Vorderradantrieb produktionsreif zu machen, die zu Chryslers Rettung beitrugen: die K-Wagen, die revolutionären Minikaravane und die Kleinwagen Omni und Horizon.

Iacocca mußte den anpassungsunfähigen Abteilungsleiter zum Schluß entlassen. Der dann ernannte Nachfolger war kein Überläufer von Ford, sondern der Hauptassistent des entlassenen Ingenieurs. Dieser Mann schaffte es, sich in das System einzuordnen. Für Iacocca ist Loyalität ein Fetisch. Er ist davon überzeugt, daß sich das Überprüfungssystem zur Ergomassage der Führungskräfte gut eignet, die eine derartige Behandlung alle Vierteljahre brauchen.

Viele Gewalthaber und gebieterischen Manager wissen, daß die Angst vor der Konfrontation mit dem Vorgesetzten für eine Trennung der Erfolgreichen von den Verlierern ausschlaggebend sein kann. Iacocca konnte mit seinen Methoden die Führungskräfte herausfinden, die am falschen Platz arbeiteten und dann freiwillig um Versetzung baten, sobald sie durch die vierteljährliche Beurteilung »durchgefallen« waren. Diese deplazierten Leute bitten: »Ich mag meinen Job nicht, versetzt mich bitte schnell!« »Und das tun wir auch«, sagt Iacocca. »Das ist jedenfalls besser, als sie zu entlassen.«

Kann das Kontrollsystem fehlerfrei arbeiten? In Hinblick auf Produktion, Einkauf, Verkauf und technische Entwicklung von Automobilen funktioniert das System wie ein automatisches Getriebe. Bestimmte Ziele müssen erreicht werden; auf die Reklamationen der Autobesitzer muß eingegangen werden. Kosten werden vermindert oder daran gehindert, über einen bestimmten Prozentsatz zu steigen. Aber Iacocca gibt zu, daß sein System in Public Relations, in den Beziehungen zwischen den Sozialpartnern oder in der Werbung wirkungsloser wäre.

Auf diesen Gebieten können die untersten Ränge der Gesamtfirma den meisten Nutzen bringen. Deshalb schlägt Iacocca vor, tüchtige und vertrauenswürdige Leute im mittleren Management zu finden, die starke Führungseigenschaften mitbringen. Bei Ford war Walter Murphy Iacoccas Vertrauter für Public Relations, der viele der erfolgreichen Neuwagen vorstellte – so z.B. den 1964er Ford Mustang, der sowohl der Firma als auch Iacocca persönlich großen Erfolg bescherte. (Als Iacocca Ford verließ, ging Murphy in den Ruhestand, obwohl er von Chrysler ein Angebot erhalten hatte.) Chryslers Öffentlichkeitsarbeit wird von zwei Männern geleitet, die von der Konkurrenz überliefen: James L. Tolley und Baran K. Bates. Diese Führungskräfte haben mit Ihren Ideen beachtlich zur dramatischen Verbesserung des Chrysler-Images beigetragen. Im Gegensatz zu vielen anderen Vizepräsidenten bei Chrysler haben weder Tolley noch Bates schon bei Ford mit Lee zusammengearbeitet.

Gute Kommunikation liegt Iacocca besonders am Herzen. Er hält nicht viel von Entscheidungsträgern, die sich mit den Medien schwertun oder keine Pressekontakte herstellen wollen. Im Kommunikationsbereich hat er sich an zwei karrierebewußte Führungskräfte außerhalb des Ford-Konzerns gewandt, die viel Erfahrung in der Automobilbranche mitbrachten. Wo sonst hätte er gute PR-Bosse für den Chrysler-Konzern finden können, dessen öffentliches Image gleich Null war, wenn nicht bei der Automobilkonkurrenz, die sich durch hervorragende Öffentlichkeitsarbeit auszeichnete – Chevrolet, der Autoverkäufer Nr. 1, und Volkswagen, die das Kult-Auto der 60er und 70er Jahre einführten, den Volkswagen-Käfer mit Hinterradantrieb?

Im kritischen Bereich der Arbeitnehmer-Arbeitgeber-Beziehungen gelang Iacocca ein Durchbruch, der eine Wende für die ganze amerikanische Industrie bedeutete: 1980 lud er Douglas Fraser ein, den Präsidenten der Automobilgewerkschaft, im Aufsichtsrat von Chrysler mitzuarbeiten. Dieser Präzedenzfall hat nach Meinung vieler Beobachter die Qualität der Chrysler-Produkte verbessert, da die Arbeiter bei Chrysler zum ersten Mal das Gefühl bekamen, in der Unternehmensleitung mitreden zu dürfen. Es war auch kein Nachteil für Chrysler – und der Konzern hätte nichts zu verlieren gehabt –, daß Fraser ein fähiger und gewitzter Gewerkschaftsführer war, der nur wenige interne Feinde hatte und nichts dabei empfand, Seite an Seite mit den Bossen der Unternehmensführung zu arbeiten.

Nach Frasers Pensionierung als Präsident der Automobilgewerkschaft stand Chrysler 1983 vor der Frage, ob der Konzern den »Gewerkschaftssitz« im Aufsichtsrat beibehalten sollte. Frasers Nachfolger, der tüchtige Owen F. Bieber, schien Frasers Welterfahrenheit und Beliebtheit bei den Chrysler-Arbeitern nicht zu haben. Aber dann blieb Fraser noch ein viertes Jahr im Aufsichtsrat. Als es Bieber gelang, einen neuen Dreijahresvertrag mit der Automobilgewerkschaft abzuschließen, bei dem die Kosten für Chrysler nur mäßig anstiegen, konnte Bieber den Platz von Fraser im Aufsichtsrat übernehmen. Iacoccas Idee war nun zur offiziellen Firmenpolitik bei Chrysler geworden.

Im Januar 1985 wurde der scharfsinnige Fraser über Iacoccas Methoden der Unternehmensführung befragt. »Wenn er eine Entscheidung bei Chrysler gefällt hat«, meinte Fraser, »so erwartet er dessen vollständige rückwirkende Ausführung.« Auf die Frage, ob Iacocca ein wohlwollender Diktator wäre, antwortete Fraser: »Das Wort wohlwollend können Sie streichen.«

Iacoccas größter Erfolg bei Ford, der 1964er Mustang, basierte auf der Feineinstellung seines Systems zur Personalbewertung und auf Iacoccas eigenem Instinkt für Produktgestaltung. Bei beiden Aspekten kam nur die Schokoladenseite zur Geltung, so daß ein neuer Verkaufsrenner geschaffen wurde, der mit dem Namen Iacocca unerschütterlich verbunden bleibt.

Der Mustang entstand, als die Verbraucher das Sparauto Falcon von Ford entdeckten, das zur gleichen Zeit wie Chevrolets Corvair und Chryslers Plymouth Valiant auf den Markt kam. Als Verkaufschef von Ford stellte Iacocca fest, daß die Falcon-Käufer mehr als nur ein nüchternes Autogerippe wollten. Sie verlangten spritzige Motoren, automatische Getriebe, Weißwandreifen, Luftkühlanlagen usw. Warum, so fragte sich Iacocca, sollte man dem Falcon nicht ein Sportcoupé zur Seite stellen? Das Auto würde für vier Personen gebaut und den Wünschen des anspruchsvolleren Käufers entgegenkommen. Man brauchte zweieinhalb Jahre, um den Mustang verkaufsreif zu machen – rechtzeitig zur 64er Weltausstellung in New York, wo er mit typischem Marketingrummel à la Iacocca vorgestellt wurde.

Die Käufer stürzten sich wie nie zuvor auf den Mustang. Iacoccas Werbeleute hatten so intensive Reklame für das neue Auto gemacht, daß im April 1964 fast vier Millionen Menschen die Ford-Vertretungen besuchten, um den neuen Wagen zu begutachten. Iacoccas Bild strahlte auf den Umschlagseiten von *Time* und *Newsweek*.

Der Absatz des Mustang stieg in den Himmel. Iacocca verwarf bald sein vorsichtiges Verkaufsziel von 75 000 Wagen und steigerte die Produktion so schnell wie möglich. Mitte April 1965 hatte er den Rekord für das erste Verkaufsjahr eines Neuwagens eingestellt: 417 174 Fahrzeuge.

Während der beiden ersten Verkaufsjahre brachte der heiße kleine Mustang den Ford-Werken Nettogewinne in Höhe von 1,1 Milliarden Dollar; damals kein kleines Sümmchen. Der flache Mustang mit dem langen Vorderteil wurde Iacoccas goldene Gondel, sein Erfolgssymbol, seine erste Berührung mit dem Ruhm (allerdings haben viele, die bei Ford zum Erfolg des Mustang beitrugen, Iacoccas Unfähigkeit bedauert, den Ruhm mit anderen zu teilen).

Man muß erwähnen, daß das Büro des Chrysler-Vorsitzenden

gelegentlich ein frühes Mustang-Modell oder eine Fotografie mit Iacocca in einem 1964er Original-Mustang enthielt, dessen stolzer Besitzer er heute noch ist.

Es wurde schon oft gesagt, daß ein Großunternehmen keine Demokratie ist, und auch nicht wie eine Demokratie geleitet werden kann. Diesen Gesichtspunkt muß man im Zusammenhang mit dem Kontrollsystem und den schwarzen Büchern sehen. Sind derartige Methoden die Fußangeln eines Firmenzars, der sich mindestens alle Vierteljahre vergewissern muß, daß ihn seine Untergebenen noch lieben, da sie ihn ja nicht ordentlich wählen können? Oder handelt es sich um eine Methode, Loyalität durch »kreative Furcht« zu gewinnen? Oder sind Iacoccas Methoden ein vernachlässigtes System, das auch von anderen großen und kleinen Unternehmen nachgeahmt werden sollte?

Vielleicht genügt der Hinweis darauf, daß das System bei zwei großen Autoherstellern, die in ernsten Schwierigkeiten waren, als motivierendes Führungskonzept Erfolg hatte. Sein größter Fürsprecher bleibt Lee Iacocca.

3. Chrysler: Von der Krönung zur Krise

Der Chrysler-Konzern hat eine bunte Geschichte: Höhen und Tiefen, starke und schwache Manager, riesige Gewinne und schreckliche Verluste wechseln sich ab. Als Iacocca 1979 das Ruder übernahm, war Chrysler am Boden. Doch der Konzern wurde als beachtlicher Konkurrent gefürchtet, der sich immer wieder gegen Schwächeanfälle zu wehren wußte.

Im Gegensatz zu Ford, wo Iacocca sich gut auskannte, wurde Chrysler eher wie ein mittelalterliches Königreich geleitet. Ein Mann herrschte über das Imperium, das in verschiedene Lehngüter aufgeteilt war, die wiederum von tyrannischen Kronprinzen verwaltet wurden. Zum Beispiel brauchte der Chef der Konstruktion und Entwicklung, bei Chrysler stets ein mächtiger Mann, nur dem Vorstandsvorsitzenden gegenüber Rechenschaft abzulegen. Das gleiche galt für Finanzen, Verkauf und Produktion. Bei Ford mußten die Vizepräsidenten an vorgesetzte stellvertretende Vorstandsmitglieder berichten, die wiederum Iacocca gegenüber Rechenschaft schuldig waren. 1970 wurde Iacocca Präsident bei Ford. Sein Weg nach oben wurde unterbrochen, als der Vorsitzende Henry Ford 1968 den Top-Manager Simon E. (Bunkie) Knudsen von General Motors holte und zum Präsidenten machte. Ford trennte sich jedoch wieder von Knudsen und beförderte Iacocca, nachdem er dem »Außenstehenden« von GM erklärte,

»daß die Dinge einfach nicht hinhauten«. (Iacocca hat nie Gerüchten widersprochen, wonach er und seine Gefolgsleute Knudsen in der Geschäftsführung von Ford daran hinderten, so gut wie möglich zu arbeiten.) Knudsen war aus einem Konzern gekommen, in dem man das »Ausschußsystem« benutzte, um mehrheitliche Entscheidungen zu treffen, die dann dem Vorstandssprecher und Präsidenten vorgelegt wurden.

Die Geschichte der Chrysler-Werke läßt erkennen, warum das monarchische Grafschaftssystem, das den Launen der entsprechenden Entscheidungsträger ausgesetzt war, vor Iacoccas Übernahme ebenso viele Triumphe wie Niederlagen erlebte.

Chrysler war von einem ehrgeizigen Unternehmer gegründet worden, der wie Iacocca aus den Reihen eines Konkurrenzunternehmens der Automobilbranche stammte. Er hieß Walter Percy Chrysler und genoß ebenfalls den Ruf, Unternehmen vor dem Ruin bewahren zu können, wenn sich die Katastrophe abzeichnete.

Walter Chrysler verbrachte seine Kindheit in den Kleinstädten Wamego und Ellis in Kansas. Sein Vater war Personenzugingenieur. Schon früh interessierte sich Percy leidenschaftlich für Maschinen. 1891 beschloß er, mit siebzehn Jahren, Maschinenschlosser zu werden. Nach dem Schulabgang arbeitete er zunächst als Schienenräumer bei der Eisenbahn und wurde schließlich ordentlicher Maschinist. 1908, als Henry Ford das Modell T vorstellte und William C. Durant General Motors aufbaute, wurde Chrysler Direktor bei der Great Western Eisenbahngesellschaft von Chicago.

Chrysler, der nicht einmal autofahren konnte, besuchte zufällig eine Automobilmesse in Chicago und verliebte sich in ein elfenbeinweißes Lokomobil mit roten Ledersitzen, Messingstoßstangen und Khakidach. Das Auto kostete fünftausend Dollar. Obwohl Chrysler nur 350 Dollar im Monat verdiente, holte er sich einen Bankkredit mit Hilfe eines gegenzeichnenden Freundes. Das Lokomobil wurde an Chrysler geliefert, der es gründlich auseinanderlegte, wieder zusammenbaute, wieder auseinandernahm, bis er es in- und auswendig kannte. Diese Erfahrung ließ in Chrysler den Wunsch entstehen, selbst Autoproduzent zu werden. Doch zunächst wurde er Produktionsleiter der American Locomotive Company in Pittsburgh.

Um 1910 hatte der hitzige Durant General Motors wegen Kreditüberziehungen fast an den Rand des Bankrotts gebracht. James J. Storrow, Leiter der GM-Finanzabteilung und ebenfalls Manager bei American Locomotive, bemühte sich um ein neues Führungsteam für GM. Storrow bat Chrysler, das Eisenbahngeschäft zu verlassen und sich GM als Produktionsleiter der Buick-Abteilung unter Charles Nash anzuschließen. Chrysler zögerte nicht, obwohl mit diesem Schritt eine Gehaltseinbuße verbunden war.

Als Chrysler mit sechsunddreißig Jahren nach Flint in Michigan zu den Buick-Werken kam, lief dort die Autoproduktion nur mit mageren fünfundvierzig Wagen pro Tag. Ford baute zur gleichen Zeit etwa eintausend Autos pro Tag. Chrysler wollte die Produktion reformieren. Er schaffte die traditionelle Zusammenbaumethode ab und führte das bewegliche Fließband ein, das es bereits bei GMs Cadillac-Abteilung und bei Ford gab. Indem Chrysler hohe Ansprüche an den technischen Konstruktionsstand stellte, brachte er Buick wieder auf die Beine, so daß um 1915 der Umsatz auf 140 000 Wagen im Jahr angestiegen war.

Wie auch spätere »Retter« der Automobilbranche forderte Chrysler vom GM-Präsidenten Charley Nash (nach dem der »Nash-Wagen« später benannt wurde) eine kräftige Gehaltserhöhung: zunächst bis 25 000 Dollar im Jahre 1915, dann 1916 bis 50 000 Dollar. Nash gab nach. Doch dann übernahm Durant wieder das Ruder bei GM und verdrängte Nash, der Chrysler bat, gemeinsam die Nash-Motorenwerke in Kenosha, Wisconsin, aufzubauen. Aber Durant hatte Chrysler angeboten, Präsident bei Buick zu werden, damals das einträglichste GM-Werk. Das Gehalt sollte 500 000 Dollar im Jahr betragen. Chrysler wurde außerdem Vizepräsident für Produktion bei General Motors.

Chrysler mußte bald feststellen, daß Durant ein harter Vorgesetzter war, der sich mit Jasagern umgab und meistens seine eigenen Wege ging. Während des Ersten Weltkrieges verschärften sich die Konflikte zwischen beiden Männern. Als Chrysler 1919 fünfundvierzig Jahre alt wurde, ging er als Millionär »in Pension«. Doch die Versuchung war zu groß, mit eigenen Produktionsplänen selbst in die Automobilbranche einzusteigen.

Während der Nachkriegsrezession bestand die Gefahr, daß die Willys-Overland- und Maxwell-Motorenwerke zusammenbrechen würden. Mit Hilfe einiger Banken gelang es Chrysler, die Firmen zu retten. Durch seine Hilfsaktion bei Willys lernte Chrysler drei beratende Ingenieure kennen, Fred M. Zeder, Carl Breer und Owen R. Skelton, deren Sinn für Qualitätsarbeit Chrysler schätzte.

Das Team Zeder-Breer-Skelton, das man später Chryslers »drei Musketiere« nannte, war hervorragend geeignet, Chrysler beim Aufbau seiner eigenen Produktionsanlagen zu helfen. In den Maxwell-Werken entwickelten sie ein neues preiswertes Fahrzeug, das auf der Automobilmesse in Januar 1924 in New York als »Chrysler Six« vorgestellt werden sollte. Der Wagen hatte einen Hochkompressionsmotor, hydraulische Bremsen, einen austauschbaren Ölfilter, Aluminiumkolben und Stoßdämpfer – alles Teile, die sonst nur bei teuren Autos zu finden waren.

Die ganze Automobilbranche war vom Erfolg des »Chrysler Six« beeindruckt. Es war zwar die Zeit der »goldenen zwanziger Jahre«, aber bisher konnte noch kein anderes Auto 32 000 Aufträge im ersten Jahr einfahren. Durch diesen Erfolg ermutigt, entschloß sich Chrysler, sein eigenes Werk in Highland Park, einem Vorort von Detroit, zu gründen.

Kurz nach Gründung der Chrysler-Werke wurde ein zweiter Wagen vorgestellt: der »Chrysler Four« mit vier Karosserieformen. Der Four enthielt eine technische Neuerung: die Isolierung des Motors von der Karosserie durch Federn und Buchsen zur Verminderung von Vibrationen. 1926 erschienen der erste Imperial für finanzkräftige Käufer und der Vierzylinder Chrysler 50 mit der stolzen Spitzengeschwindigkeit von 80 Stundenkilometern und dem günstigen Benzinverbrauch von 12,5 Litern.

1926 befand sich die Wirtschaft der Vereinigten Staaten in einer kräftigen Wachstumsphase. Die neuen Chrysler-Werke bauten 129 565 Fahrzeuge im Vergleich zu 1 137 181 Wagen von Ford, dessen klassisches T-Modell sich noch gut verkaufte. General Motors produzierten 892 007 Autos. 1927 gelang es General Motors zum ersten Mal, die Absatzzahlen von Ford zu übertreffen, so daß sich der zögernde Henry Ford II gezwungen sah, 1928 den Verkauf des Ford A-Modells zu genehmigen. Während des ersten Verkaufsjahres konnte Ford die Führung übernehmen, doch bald wurden General Motors wieder die Marktführer, die sie bis heute geblieben sind.

GMs Weg zur Spitze wurde durch den klugen Finanzexperten Alfred P. Sloan ermöglicht. Dadurch sah sich Chrysler einer ständig wachsenden Herausforderung ausgesetzt. Zunächst wollte Chrysler nur in den Markt für Autos zu Niedrigpreisen einsteigen, der von Ford beherrscht wurde. Jetzt mußte sich Chrysler um eine breitere Marktbeteiligung bemühen.

1927 war Chrysler bereits der viertgrößte Automobilproduzent der Vereinigten Staaten. Walter Chrysler stellte ein Expertenteam auf, das mit den »drei Musketieren« zusammenarbeiten sollte. Der hartnäckige Bernice Edwin Hutchinson (genannt »B.E.«) wurde Chryslers Finanzstratege. Kaufman Thuma Keller (genannt

»K.T.«) kam als Produktionsleiter von GM und wurde Produktionschef bei Chrysler. Abe VanderZee leitete die wichtige Vertragshändler- und Vertriebsorganisation.

1928 war ein erfolgreiches Jahr bei Chrysler, da die Firma zwei ihrer Hauptkonkurrenten übernehmen konnte. Walter Chrysler kaufte die Automobilwerke der Dodge-Brüder in Hamtramck bei Highland Park. Die Dodge-Werke waren stolz auf ihre Vertriebsorganisation. Sie hatten eine Schmiede und eine Gießerei, die Chrysler gut gebrauchen konnte, da man die Produkte dieser Werke damals zu hohen Preisen kaufen mußte. Zu Dodge gehörte außerdem ein Lastwagenwerk, das Chryslers Fahrzeugangebot vervollständigen konnte. Die Dodge-Lastwagen wurden zusammen mit den Dodge-Personenwagen verkauft und hatten einen guten Ruf. Die Laster konnten so manche Verluste beim Pkw-Absatz auffangen. Zur gleichen Zeit stellte Chrysler den Plymouth vor, der den Niedrigpreismarkt beleben sollte. Außerdem erschien der Chrysler DeSoto als neues Angebot zwischen dem Chrysler Six und dem neuerworbenen Dodge für die Käufer der oberen Mittelschicht.

Diese drei Wagen – Chrysler, Dodge und Plymouth – sind bis heute Chryslers Produktangebot geblieben. 1961 wurde der DeSoto aufgegeben, weil er sich nach Preis und Image zu sehr dem Chrysler Spitzenmodell angeglichen hatte. Immerhin hatte der Wagen dreißig Jahre lang gute Gewinne eingefahren.

Am 1. Januar 1985 verfügte Chrysler über ein Barvermögen von 1,7 Milliarden Dollar. Obwohl Iacocca allgemein interessiert ist, gibt es kaum Pläne für den Kauf anderer Firmen im Stile der Chrysler-Dodge-Übernahme. 1982 hatte Iacocca dem Volkswagenwerk eine Fusion angeboten. Der VW-Vorstand hielt Chrysler jedoch für einen zu riskanten Partner. Ironischerweise übernahm Chrysler etwas später ein Autowerk im VW-Besitz bei Sterling Heights, Michigan, wo seit Ende 1984 die neuen Chrysler-

Modelle LeBaron GTS und der Dodge Lancer Sportwagen vom Fließband laufen. (VW hatte sich wohl gedacht, der Verkauf der Werke in Sterling Heights wäre eine gute Idee, weil der Produktionsort für die Golf-Montage in New Stanton, Pennsylvania, ursprünglich von ... Chrysler (!) gekauft wurde.)

Wie Walter Chrysler waren John und Horace Dodge in einer Kleinstadt großgeworden und als Maschinenschlosser ausgebildet. Die Brüder zogen nach Detroit und eröffneten eine Maschinenwerkstatt, die Getriebe für Oldsmobile lieferte und Henry Ford half, das Getriebe des neuen T-Modells zu entwickeln. 1903 beauftragte Ford die Dodge-Werkstatt mit der Lieferung von Motoren gegen 1000 der neuen Ford-Aktien. Für ihr zehnprozentiges Aktienkapital bezahlten die Dodge-Brüder mit 3000 Dollar in bar und 7000 in Material. Elf Jahre später kam es zu einer heftigen Auseinandersetzung mit »Mr. Ford«, und die Brüder verkauften für 25 Millionen. Sie gründeten ihr eigenes Autowerk und brachten einen Wagen auf den Markt, der etwa 100 Dollar teurer als das »T-Modell« war.

Der neue Dodge erwarb sich schnell einen Ruf von Zuverlässigkeit. Es entstand eine effektive Vertriebsorganisation. Viele Vertragshändler begrüßten das zuverlässige Auto, da sie sich oft mit den klapprigen Wagen der Vorkriegsgeneration die Finger verbrannt hatten. Die Dodge-Brüder starben 1920 während der Grippeepidemie, worauf ihre Witwen Eigentümer der Automobilwerke wurden. Zu diesem Zeitpunkt betrug der Firmenwert etwa 52 Millionen Dollar.

Die Dodge-Witwen beaufsichtigten das Unternehmen fünf Jahre lang während des Nachkriegsaufschwungs. Damals konnte fast alles mit vier Rädern verkauft werden. Sie erwarben eine Lastwagenfabrik von den Graham-Brüdern, wodurch die Dodge-Autohändler eine äußerst gewinnträchtige Lastervertretung erhielten. 1925 verkauften die Witwen das Unternehmen an das

New Yorker Investitionsbankhaus Dillon, Read für 146 Millionen.

Dillon, Read waren nicht im Autogeschäft und planten eine Strategie, so schnell wie möglich aus ihrer Investition zu profitieren. Das Dodge-Auto erhielt eine Sonderausstattung, und der Preis wurde 1928 auf 1 500 Dollar verdoppelt. Das Modell A von Ford kostete hingegen nur 495 Dollar, so daß der Umsatz bei Dodge zusammenbrach. Clarence Dillon wandte sich an Walter Chrysler, der sein Interesse an den »großartigen Dodge-Werken« bekundet hatte. Chrysler entschloß sich, Dodge für ungefähr 170 Millionen zu kaufen.

Durch diesen Vertrag wurde Chrysler über Nacht zum drittgrößten Autoproduzenten der USA. Das gesamte Aktivvermögen von Chrysler und Dodge betrug 260 Millionen. Durch den Neuerwerb wuchs Chrysler zu einem Konzern mit 18 Produktionsstätten, die zusammen bis zu einer Millionen Personen- und Lastkraftwagen im Jahr bauen konnten. Die Vertriebsorganisation dehnte sich gewaltig aus. Damals gab es dreimal so viele Chrysler-Dodge-Autohändler als heute.

Durch den Erwerb von Dodge konnte Chrysler einen so großen Marktanteil gewinnen und Kosten derart erfolgreich senken, daß der Konzern die Große Depression der dreißiger Jahre, den Zweiten Weltkrieg – der Ford beinahe ruinierte – und die Rezessionen der späten fünfziger und mittleren siebziger Jahre überlebte.

Iacocca, ein Meister im Vorführen neuer Wagen, hätte den Glanz geliebt, mit dem der preiswerte Plymouth 1928 im Madison Square Garden von New York vorgestellt wurde. Die berühmte Pilotin Amelia Earhart überflog den Plymouth bei seiner ersten Fahrt. Der Wagen wurde mit dem Slogan angepriesen, er würde »die Ausdauer, Kraft und Ehrlichkeit der amerikanischen Pilgerväter« symbolisieren.

Das Unternehmen wuchs enorm schnell. Walter Chrysler meinte jedoch, er würde »keine Vorherrschaft anstreben« oder »nur Macht und Größe« suchen. Er versicherte, daß der Konzern »Schritt für Schritt in Übereinstimmung mit der wirtschaftlichen Kapazität des Landes und der gesamten Branche« aufgebaut würde. An Wall Street haben ihm viele nicht geglaubt. Doch auch der spätere Konzernleiter K.T. Keller hat sich nicht am Verkaufswettlauf zwischen Ford und Chevrolet beteiligt. Das Hauptziel war der Gewinn; dabei ging es nicht um Absatz- oder Marktpositionen. Die Konzernführer nach Keller hielten sich jedoch nicht an die Unternehmensziele des Firmengründers und rieten ihren Vertragshändlern, den Markt zu erobern und Umsätze zu steigern.

Chrysler hatte jedoch nichts gegen große und bisher unbekannte Aktionen zur Geschäftsausweitung. Anstatt dem Plymouth eine eigene Vertriebsorganisation zu geben, wurde der Wagen über bereits bestehende Chrysler-, DeSoto- und Dodge-Händler verkauft. Diese Taktik hat sich während der ersten drei Jahre der Depression bezahlt gemacht, so daß der Plymouth-Vierzylinder zum Preis von 600 Dollar im Jahre 1932 den scheinbar etablierten Konkurrenten Chevy und Ford 14 Prozent des Billigwagenmarktes wegnehmen konnte. 1934 wurde mit dem kurvenreichen Chrysler Airflow eine radikale Neuentwicklung vorgestellt. Zwar wurde der Absatz dieses Wagens eine Katastrophe, aber Chrysler konnte den Ruf eines risikofreudigen und traditionsunabhängigen Konzerns begründen.

1936 war Chrysler völlig schuldenfrei und besaß einen Marktanteil von gut 25 Prozent. (Die Chrysler-Aktie sank 1981 auf den Tiefststand von 8 Prozent und erreichte 12 Prozent im Jahre 1984.) Nach der Depression war Chrysler sogar noch stärker, obwohl eine Reihe von kleinen Autohändlern wegen überschüssiger Bestände eingingen. Zunächst hatte auch Chrysler dieses

Problem; aber dann wurde ein strenges System eingeführt, wonach erst produziert wurde, wenn der Händlerauftrag vorlag. 1980 hat Iacocca dieses System wieder aufgegriffen und somit die destruktive »Verkaufslagerpolitik« seiner Vorgänger abgeschafft.

1935 gab Walter Chrysler die Präsidentschaft an seinen Nachfolger K.T. Keller ab (Chrysler blieb Vorstandsvorsitzender bis zu seinem Tode im Jahre 1940). Keller, ein kräftiger und willensstarker Produktplaner, war Chryslers persönliche Wahl. Keller erhielt den Vorzug vor dem Finanzstrategen B. E. Hutchinson und dem Entwicklungschef Fred Zeder. Chrysler mochte Keller, weil er sich auch wie ein Horatio Alger hochgearbeitet hatte. Die zwei waren sich bei Buick begegnet, wo Keller als Chefmechaniker arbeitete. Er war stellvertretender Produktionschef bei Chevrolet, bevor er 1926 auf persönliches Bitten von Walter P. zu Chrysler kam.

Keller dominierte Chrysler fünfundzwanzig Jahre lang. Doch im Gegensatz zu seinem Mentor widersetzte er sich Erneuerungen im Produktionsbereich. Während die großen und kleinen Konkurrenten die Jahre nach dem Zweiten Weltkrieg mit Innovationen wie Studebakers Starlite Coupé, dem Stepdown Hudson oder Chevrolets V-8-Motor begrüßten, krallte sich Chrysler an Designs und Managementsysteme aus der Vorkriegszeit. Bis zur Reorganisation durch Iacoccas Ford-Team blieben Chryslers neue »zukunftsorientierten« Autos der mittleren fünfziger Jahre weit hinter der Konkurrenz zurück.

Als Präsident und dann Vorstandsvorsitzender war es für Keller charakteristisch, daß er sich in alle Abteilungen des Konzerns einmischte und somit die Tradition des »starken Mannes« fortsetzte, die er von Walter Chrysler geerbt hatte und nun an alle zukünftigen Topmanager übertrug. In den fünfziger Jahren hat ein Beobachter die Managementstruktur bei Chrysler mit einem randlosen Rad verglichen – die Speichen der Verantwortung für

Abteilungen und Gebiete gingen alle von Keller an der Nabe aus. Nur er konnte die Aufgaben jedes Mitarbeiters überblicken.

Da es bei Dodge und Chrysler keine Vizepräsidenten mit Vollmachten über die Abteilungsleiter und keine Vizepräsidenten für Produktplanung und Marketing gab, entstand unter Keller eine Bunkermentalität, die sich auf vergangene Finanz- und Verkaufserfolge stützte. Keller selbst entwickelte neues Produktionswerkzeug und genehmigte alle Werbespots. Er übernahm auch die konservative Finanzpolitik des Finanzdirektors Hutchinson, der Chryslers Gewinne für höhere Dividenden und Managergehälter ausgeben wollte. Es wurde aber nur das Notwendigste getan, um die Produktion zu erhalten und zu verbessern.

Bis zu seiner Pensionierung im Jahre 1953 war »Hutch« die größte Macht hinter dem Chrysler-Thron. Die Vertriebsorganisation des Vizepräsidenten für Verkauf VanderZee sorgte für die Kundenwerbung in den frühen Nachkriegsjahren und wurde als eine der besten in der Branche beurteilt. Warum sollte man also das Boot ins Schwanken bringen? Hutch und sein Vorsitzender K.T. hätten getobt und geschrien (und das wörtlich, denn sie waren als harte Burschen bekannt, die offen ihre Meinung sagten und die Presse wie Pariahs behandelten), wenn ein Untergebener den Vorschlag gewagt hätte, mehr Geld für neue Produktentwicklungen auszugeben. (Im Vergleich dazu hat Iacocca nach den Rekordgewinnen von 2,4 Milliarden Dollar im Jahre 1984 einen Fünfjahresplan zur Vergabe von 10,5 Milliarden für Produktplanung angekündigt. »Wir müssen derart handeln, um so gesund wie heute zu bleiben«, erklärte Iacocca.)

Seine Schwerfälligkeit und Starrsinnigkeit hat Keller deutlich in den frühen 50er Jahren bewiesen, als ein neues Modell auf den Markt kommen sollte. Bei allen seit dem Zweiten Weltkrieg neuentwickelten Modellen der Konkurrenz waren die Dächer gesenkt worden. Chryslers Autodächer blieben jedoch unverändert hoch. Keller, der immer seinen Hut im Büro aufbehielt, wollte Autos mit viel Platz über den Köpfen. Als man ihn nach dem Grund dafür fragte, sagte er: »In meinen Autos soll man sitzen können. Wir brauchen keine Autos, über die man hinwegpinkeln kann.«

Chrysler hatte einen Grund für den Widerstand gegen das moderne Styling. Wichtigster Aspekt des Chrysler-Images war die »Zuverlässigkeit« aufgrund guter technischer Eigenschaften. Dieses Image hatte sich seit Zeder-Skelton-Breer und den Dodge-Brüdern durchgesetzt. Das Unternehmen zweifelte an Verbraucherumfragen und war überzeugt, daß die meisten Käufer der Unter- und Mittelschicht eine solide Technik dem modernen Styling vorzogen. Seit dem Airflow-Reinfall hatte Keller das Styling den Konzepten der Planungsingenieure untergeordnet. Neue Zweisitzer mit modernem Design von Chevrolet und Ford, die Corvette und Thunderbird, wurden von den Mächtigen bei Chrysler in den fünfziger Jahren ignoriert. Warum sollte man eine Tradition mit kastenförmigen und hohen Wagen abbrechen, die 1949 den Rekordgewinn von 132,2 Millionen gebracht hatte?

Aber zum ersten Mal in der Konzerngeschichte war der Tag der Abrechnung nicht fern. Obwohl GM und Ford 1953 ihre Autos verlängerten und verbreiterten, befahl Keller eine Verkürzung der Chrysler-Wagen. Beim Verkauf kam es zur Katastrophe. Zum ersten Mal übernahm Ford den zweiten Platz vor Chrysler im Verkauf und gab diese Position nicht wieder auf. Der Koreakrieg war beendet, und damit verschwand auch der gute Neuwagenmarkt, der seit 1945 für große Gewinne gesorgt hatte.

Chryslers Renovierung war überfällig.

4. Pioniere, undichte Stellen und Schmiergelder

Lee Iacocca bei Chrysler und Roger Smith bei GM haben die US-Autoindustrie fast im Alleingang wiederbelebt. Beide Manager hatten es mit grundverschiedenen Unternehmen zu tun – das eine hing bei Iacoccas Übernahme am seidenen Faden, das andere verfügte als internationaler Konzern über große Barreserven, die die Geldvorräte mancher Staaten übertrafen, litt jedoch schwer unter der Rezession der frühen 80er Jahre.

Die wichtigste Lehre aus den Erfolgen von Iacocca/Chrysler und Smith/GM sollte keinem Aufsichtsrat entgehen: Ein tüchtiger, flexibler und ideenreicher Topmanager ist Gold wert; ein zu konservativer und ängstlicher Vorstandsvorsitzender, der sich an vorausgehende Erfolge klammert, kann selbst bei einem so allmächtigen Konzern wie GM zur langfristigen Fehlbesetzung werden.

In Falle Iacocca wurde die Not zum Vater der Geschäftserneuerung. Wahrscheinlich hätte er um seine Befugnisse gekämpft, aber schon vorher gab ihm der Aufsichtsrat Vollmachten, für Chrysler zu betteln, zu borgen, zu entlassen, einzustellen, Geld auszugeben oder zu sparen und Autos einzustampfen oder neu auf den Markt zu bringen. Vielleicht wußte es Iacocca noch nicht, aber er wurde zum Mann mit dem Daumen im bröckelnden Deich. Er nahm diese Herausforderung glänzend an, renovierte das Jahrzehnte alte Mißmanagement, überstand die gefährliche Rezession der frühen 80er Jahre und widersetzte sich allen Gegnern in Washington und in der Finanzwelt, die dem Konzern nicht helfen wollten.

Smith war ein bei GM ausgebildeter Finanzexperte, der noch nie eine Neuwagenabteilung geleitet hatte oder Chef von Mitarbeitern war, die sich mit Produktplanung und -fertigung befaßten. Smith brach mit den starren Konventionen seiner Vorgänger und wählte den Weg der Erneuerung und Erweiterung. Man kann sich nicht vorstellen, daß Smiths unmittelbarer Vorgänger im GM-Vorstand, der zurückhaltende Thomas A. Murphy, Milliarden für den Erwerb von Hughes Aircraft oder Electronic Data Systems ausgegeben hätte oder die 5 Milliarden Dollar starke Filiale Saturn zum Bau von Kleinwagen nach japanischem Vorbild gegründet hätte. Allerdings haben die Wahl und Wiederwahl des Förderers der freien Marktwirtschaft, Ronald Reagan, die kartellrechtlichen Bedenken vermindert, die GM oft als Grund angab, um Geschäfte wie den EDS-Kauf oder die Joint Venture-Autoproduktion mit Toyota in Fremont, California, nicht zu verwirklichen. Selbst unter republikanischen Regierungen in Washington hatte sich GM bis zur Übernahme durch Smith damit begnügt, jeglichem Neuerwerb oder der Einführung potentiell revolutionärer Systeme zur Belebung des Binnengeschäftes aus dem Wege zu gehen.

Iacocca und Smith betraten Neuland und wurden durch den Erfolg belohnt. Bei Chrysler wurde der Kraftakt von einem »Außenstehenden« angeregt, der angesichts von Chryslers traurigem Zustand bei der Amtsübernahme nur seinen Stolz zu verlieren hatte. Bei GM hatte Smith anscheinend nicht die gleichen Probleme wie Iacocca bei Chrysler. Der GM-Vorstandsvorsitzende wurde sich bewußt, daß die langfristigen Zukunftsperspektiven von General Motors bedroht waren, sollte er eine Politik des

Nichtwachstums fortsetzen. Was die beiden Manager bis 1985 erreicht haben, wird wahrscheinlich noch lange Lieblingsthema für Diplomarbeiten und Dissertationen an betriebswirtschaftlichen Fakultäten sein.

Von seinen realistischen Vorgängern wird Smith ein »Futurist« genannt. Er leitet die Grundüberholung und Umorganisierung einer klassischen Konzernbürokratie in einen Großbetrieb für Freidenker und selbständige Unternehmer.

Seine Persönlichkeit kann irritieren, da er im privaten Gespräch enthusiastisch redet aber auf dem Podium einem langweiligen rhetorischen Stil unterliegt. Doch innerhalb General Motors hat er sich enormen Respekt verdient, der auch von der Finanzwelt geteilt wird.

William E. Hoglund ist Präsident der Saturn Corporation, eine GM-Filiale, die von Smith für Entwicklung und Verkauf eines Kleinwagens gemäß radikal neuen Produktions- und Verkaufskonzepten geschaffen wurde. Hoglund meint, daß »die Organisation bei GM völlig erneuert werden mußte, um Roger Smith Raum für seine starke Kreativität zu geben«.

Anstatt dem Rat seiner Vorgänger zu folgen, die Saturn Chevrolet oder einer anderen Abteilung zugeordnet hätten, hat Smith William Hoglund beauftragt, eine selbständige Einheit aufzubauen, die eigene Verträge mit der Gewerkschaft abschließt, unabhängige Vertriebshändler einsetzt, nach eigenen Plänen eine Produktionsstätte mit 6000 Arbeitsplätzen aufbaut und möglicherweise eigene Aktien auf dem Markt verkauft.

David Cole ist Direktor des Seminars für Automobilindustrie an der Michigan-Universität und Sohn des verstorbenen GM-Präsidenten Edward N. Cole. Professor Cole meint, daß »GM jetzt mehr kreative Leute denn je besitzt, die sich nicht scheuen, ihre Gedanken frei auszudrücken. Roger hat die Idee legitimiert, daß Veränderungen nicht schlecht sein müssen.«

Iacocca und Smith besitzen Intensität und Konzentration, die man vergleichsweise bei Tennisprofis beobachten kann. Betriebspsychologen mit besonderem Interesse an Führungskräften haben festgestellt, daß sich eine derartige Konzentration im Führungspersonal magnetisch auf die Untergebenen auswirkt. So werden oft Ergebnisse erzielt, die sonst nur durch Zwangsmethoden erreicht werden.

1956 steckte Chrysler in der gefährlichsten Finanzkrise seiner zweiunddreißigjährigen Geschichte. Man beauftragte einen Insider, der die Qualitäten eines Smith mitbrachte und eine Wende à la Iacocca erwirkte. Lester Lum (genannt »Tex«) Colbert wäre gern seit 1950 GM-Präsident unter dem Vorsitzenden Keller geworden, während die altmodischen Vorkriegsmodelle dahinsiechten und die Minigrafschaften der Abteilungsleiter und stellvertretenden Abteilungsdirektoren sich um die eigene Achse drehten. Keller ging 1956 endlich in den Ruhestand. Colbert hatte nun alle Vollmachten, das baufällige Monstrum zu renovieren und den Konzern wieder zum ernsthaften Konkurrenten von Ford und GM werden zu lassen.

Tex Colbert war hochgewachsen und kam wie Chrysler und Keller aus einer Kleinstadt. Ansonsten verband ihn wenig mit den beiden. Er war redegewandt und extrovertiert, während die Vorgänger zu Geheimnistuerei neigten und kurz angebunden waren. Die Zweimannbelegschaft für Public Relations war von Keller angewiesen worden, »die Leute hart anzupacken und nichts auszuposaunen«. Auf diese Weise sollte mit Presseanfragen umgegangen werden, selbst wenn die Journalisten nur so irdische und halböffentliche Fakten wie wöchentliche Produktionszahlen haben wollten. Colbert hat die Zügel für die Öffentlichkeitsarbeit gelockert, während Iacoccas Liebe zur Presse so ausgeprägt war, daß er während seiner frühen Amtsjahre den Journalisten sogar erlaubte, Fotos und Spezifizierungen von zukünftigen Automodellen zu veröffentlichen.

Colbert war kein Techniker oder Finanzexperte. Als Jurist brachte er die Fähigkeit mit, technische Vorgänge, für die er nicht ausgebildet war, schnell zu verstehen. Er hatte die juristische Fakultät der Harvard-Universität besucht und arbeitete in Chryslers New Yorker Rechtsabteilung. Dort hatte er Walter Chrysler so sehr beeindruckt, daß er gebeten wurde, eine Rechtsabteilung im Chrysler-Hauptsitz von Detroit zu gründen.

Colbert und Iacocca haben erstaunlich viel gemeinsam. Beide Männer konnten sich schnell in die Autobranche einarbeiten, obwohl einer Jurist und der andere Ingenieur war. Beide haben extrovertierte und dominierende Persönlichkeiten, eine Kindheit in der Provinz und Universitätsabschlüsse von prominenten Lehranstalten. Und beide übernahmen das Ruder bei Chrysler, als der Konzern in großen Schwierigkeiten steckte.

Aber mit dem Krönungsakt enden die Gemeinsamkeiten. Colbert machte sich massiv daran, Chryslers festgefahrenen modus operandi zu reformieren – und erlitt Schiffbruch. Er bemühte sich, den Vorschlägen der Unternehmensberater gerecht zu werden. Er wollte das Management dezentralisieren und die Macht der Techniker einschränken. Doch der Widerstand der feindlich gesinnten Bürokratie war so heftig, daß Colbert 1957 eine »Rückzentralisierung« anordnen mußte. Fünfundzwanzig Jahre später hat Iacocca der Bürokratie gründlich zugesetzt und eine Umstrukturierung als sine qua non für das Überleben des Konzerns gefordert. Lee blieb bei der Stange, während Tex aufgab, als ihm der Wind ins Gesicht bließ. Er akzeptierte einen außergerichtlichen Vergleich und riskierte keinen Prozeß, den er vielleicht gewonnen hätte. Wenn Colbert durchgehalten und Chrysler für die 60er Jahre gerüstet hätte, so wäre Chrysler vielleicht nicht so stark abgesackt, und Iacocca hätte den Konzern nach seiner Entlassung bei Ford nicht zu retten brauchen.

Bis 1958 hat Colbert fast nichts an Chryslers interner Keller-Zeder Struktur verändert. Wenigstens hat er längere und modernere Neuwagen mit Heckflossen eingeführt. Sie waren von Virgil Exner entworfen worden, dem ersten Abteilungsdirektor fürs Styling. Heutzutage wirken die Heckflossen unmöglich, aber 1957 liebten die Käufer diese »Flügelwagen«, so daß die Konkurrenz schnell nachzog. Colbert übte Druck auf die Chrysler-Händler aus, um ein Ziel aus dem Jahre 1954 zu erreichen – den 20-prozentigen Marktanteil. Diese Handlungsweise ging dem »Druck-auf-den-Händler-Syndrom« voraus, das später die Firma an den Rand des Ruins bringen sollte. Zunächst stieg der Umsatz mit den Heckflossen, aber dann holten Ford und GM den Vorsprung wieder ein. Jetzt hatte Colbert eine neue Idee zur Gewinnsteigerung, die Chrysler noch mehr schaden sollte: die beschleunigte Entwicklung von Neuwagen.

Colbert verkürzte die dreijährige Entwicklungszeit um ganze zwölf Monate und wollte alle 1957er Modelle mit Heckflossen herausbringen. Die Produktion wurde aber schon angekurbelt, als erst die Hälfte der Preßformen entwickelt war. Das Ergebnis mußte verheerend aussehen: Fenster und Türen leckten, Getriebe gingen kaputt, zwei neuentwickelte Motoren wurden gleich wieder weggeworfen, und die Karosserie begann schon im ersten Winter zu rosten, da man nichtgalvanisierten Stahl benutzt hatte.

Obendrein erhielten die sonst so vorsichtig umhegten Händler eine neue Aufgabe. Colbert hatte nicht nur einen 20prozentigen Marktanteil gefordert, sondern ihnen auch schlechte Autos geliefert, die die Händler nun reparieren mußten, von aufgebrachten Kunden abschleppen ließen und in vielen Fällen sogar umbauen mußten. Es war das kaum tragische Ende einer Reputation für Wertarbeit, die Chrysler seit den Anfängen im Jahre 1924 gepflegt hatte.

Robert B. McCurry verließ in den fünfziger Jahren die Michigan State-Universität und wurde Verkaufsleiter bei Chrysler. Er erinnert sich an die schwierige Zeit: »Ich glaube, die wichtigsten Fehlentscheidungen unserer Firma bezogen sich damals auf Produktqualität. Die Finanzplaner wollten hauptsächlich ihre Projekte verwirklichen. Ich meine, man kann ihre Haltung mit ›Dollar-klug aber Pfennig-dumm‹ bezeichnen. Die Entscheidungen wurden aber auf dieser Ebene gefällt.

Qualität war unser Hauptproblem, denn wir hatten viele unzufriedene Kunden. Diese Leute kamen nicht wieder, um noch einmal ein Auto bei uns zu kaufen. Der eine Mann am Gartenzaun, der seinen Mitbürgern von den Problemen mit seinem Auto erzählt, hält acht Leute vom Kauf bei uns ab. Wenn er aber erzählt, daß er mit dem Auto zufrieden ist, so kommen nur ein paar Kunden mehr.

Das ganze Spiel war ein Eigentor. Solange wir eine gute Wirtschaftslage im Lande hatte, konnte Chrysler sich zurechtfinden. Aber als sich die Lage verschlechterte, ging es bergab. Zum Schluß gab es noch einen völlig neuen Trend. Die Regierung forderte Abgaskontrollen, was wiederum sehr teuer wurde. ... Ich meine, daß die Qualitätsverminderung aufgrund von Kostensenkungen an allem Schuld war.«

Der Marketing-Experte McCurry gehörte zu einer Gruppe neuer Manager, die in den fünfziger Jahren von Chrysler als zukunftsorientierte Führungskräfte eingestellt wurden. Zu dieser Gruppe gehörte auch ein gewisser Wirtschaftsprüfer Lynn Townsend, der 1957 Bilanzprüfer bei Chrysler wurde und sich als drastischer Verfechter von Kostensenkungen hervortat. Colbert erkannte, daß es dem Unternehmen an tüchtigen Führungskräften im höheren Mittelmanagement fehlte, der sogenannten »Zwischenmacht«. Er bemühte sich um Neueinstellungen, aber er hatte dabei nicht die glückliche Hand, die Iacocca um 1980 für Einstellungen von qualifiziertem Personal bewies. Wegen Chryslers Qualitätsschwierigkeiten, einem bitteren Hunderttagestreik der Automobilgewerkschaft im Jahre 1950 und anschließenden Spannungen mit den Arbeitern war der Konzern als drittgrößtes Autowerk kein sicherer Arbeitgeber mehr für einen ehrgeizigen Ingenieur oder Verkaufsleiter bei GM oder Ford.

Obwohl Colbert sich kräftig bemühte, geriet Chrysler 1957-58 zum erstenmal auf die Achterbahn, auf der das Unternehmen nun bleiben sollte. Der Chrysler-Vorsitzende folgte den Empfehlungen einiger Wirtschaftsberater, indem er den Bau von drei Fertigungsanlagen abschloß und eine Beteiligung am französischen Autohersteller Simca kaufte.

Die Heckflossenwagen brachten 1957 zunächst Gewinne in Höhe von 125,7 Millionen Dollar und einen Marktanteil von 18,3 %. Doch dann stand Chrysler in der Rezession von 1958 vor dem Abgrund, als die Konstruktionsfehler der 57er Modelle bekannt wurden. Der Verkaufsumsatz schrumpfte um 50 %. 1958 verlor das Unternehmen 29,6 Millionen Dollar, zusätzliche 2 Millionen Dollar im Jahre 1959. 1960 hatte Chrysler nur noch einen kläglichen Marktanteil von 14 Prozent. Die Qualität hatte sich so dramatisch verschlechtert, daß die einst treuen Besitzer der Wagen von Chrysler, Dodge und Plymouth in Scharen zur Konkurrenz überliefen. Viele sollten erst in der Iacocca-Zeit zurückkommen.

Die sechziger Jahre brachten einen neuen Käufergeschmack: weg von den rassigen Heckflossen und hin zum einfachen, wirtschaftlichen Auto. Die drei großen Automobilkonzerne wurden gezwungen, so schnell wie möglich mit anderen Produkten auf den neuen Trend zu reagieren. Die Volkswagen Käfer und Renault Dauphine wurden in den USA immer beliebter und erhöhten den Marktanteil aller importierter Autos auf 10,1 Prozent.

1960 hatte American Motors den ideenreichen Vorstandsvorsitzenden George Romney, der zwei Jahre später Gouverneur von

Michigan wurde. Es gelang Romney, 363 000 der preiswerten und wirtschaftlichen Rambler zu verkaufen. Studebakers Lark, der einzige Konkurrent des Rambler, konnte immerhin 133 000 mal verkauft werden. Als Chrysler dann erfuhr, daß Chevrolet den Corvair mit Heckmotor und Ford den schlichten Falcon für den Einstieg in den Kleinwagenmarkt entwickelten, wollte Chrysler schnell einen Kleinwagen vorführen, den 1960er Plymouth Valiant, obwohl der Konzern an ernsten finanziellen Problemen litt.

Colbert war mitten in einen Morast geraten. Die Probleme des Jahres 1958 waren bereits gravierend genug: ärgerliche Qualitätsmängel, Konfrontationen mit der Gewerkschaft und der ständige Wandel des Käufergeschmacks. Aber Colberts Herrschaft wurde 1958 direkt herausgefordert, als ein kleiner Aktionär, der Rechtsanwalt Sol Dann aus Detroit, gegen »Interessenkonflikte« wetterte, weil Chrysler Material und Dienstleistungen von Lieferantenfirmen bezogen hatte, an denen höhere Angestellte des Konzerns selbst beteiligt waren.

Obwohl Colbert nichts mit der Korruptionsaffäre zu tun hatte, erlitt er eine böse Niederlage. Es stellte sich heraus, daß sein Schützling und Nachfolger im Präsidentenamt, William C. Newberg, auch an zwei Lieferantenfirmen beteiligt war.

Newberg war Ingenieur. 1933 kam er als Testfahrer zu Chrysler und wurde am 28. April 1960 Präsident des Autokonzerns. Nur acht Monate vorher hatten er und Tex den Valiant auf einer Automesse in Miami Beach vorgestellt.

Dann und Co. gingen der Sache nach und entblößten Newbergs »Interessenkonflikt«. Vierundsechzig Tage später wurde der schockierte Newberg bei einer außerordentlichen Aufsichtsratssitzung in New York entlassen. Colbert war wieder Präsident; doch der Himmel verfinsterte sich erneut, als Dann mehrere Klagen von Aktionären gegen Chrysler erhob und das Unternehmen beschuldigte, bei internen Geschäften zwischen leitenden Angestellten und Verkäufern ein Auge zuzudrücken.

Um das letzte an Glaubwürdigkeit zu retten, mußte sich Chrysler von Colbert trennen. Er trat am 27. Juli 1961 zurück. Der Vorsitz wurde von einem hoch angesehenen externen Aufsichtsratsmitglied übernommen, dem einundsechzigjährige George Love, der Pittsburghs Kohlegesellschaft Consolidation vorstand. Love leitete eine interne *task force* bei Chrysler, die das Haus im Zuge der Sol Dann-Enthüllungen aufräumen sollte.

Love hatte eine Vorahnung von den Methoden, die Iacocca achtzehn Jahre später anwenden sollte. Er wandte sich an zwei Topmanager bei General Motors – Chevrolets Edward N. Cole und Pontiacs »Bunkie« Knudsen. Love wollte Cole zum Präsidenten von Chrysler und Knudsen zum leitenden Geschäftsführer machen. Beide waren für den Präsidentenposten bei GM im Gespräch und lehnten Loves Angebot ab. Ähnlich sah sich Iacocca als Geschäftsführer bei Ford versucht, Präsident bei Chrysler zu werden, aber er blieb bei Ford und bewarb sich um den Präsidentenposten bei Ford. Love erhielt auch von anderen Managern eine kalte Absage, was Chryslers schlechten Ruf in der Öffentlichkeit bestätigte.

1960 hatte Colbert den ehrgeizigen jungen Wirtschaftsprüfer Lynn Townsend zum Verwaltungsvizepräsidenten befördert. Jetzt blieb Love anscheinend nichts anderes übrig, als sich an den Finanzexperten Townsend zu wenden, der allerdings wenig technisches Know-how besaß. Und so wurde Townsend 1961 im Alter von zweiundvierzig Jahren Präsident von Chrysler mit der klaren Abmachung, daß er beizeiten den Vorstandsvorsitz von Love erben würde. Ein Vizepräsident bei Chrysler, der später den Konzern verließ, da man ihn bei der Besetzung des Präsidentenpostens übergangen hatte, beschrieb Townsend als »den besten verfügbaren Mann, der den Job annehmen könnte«.

Diese Äußerung war weit entfernt von der Art, mit der Townsends Nachfolger, John Riccardo, Iacocca beschrieb, als er den entlassenen Ford-Präsidenten einstellte: »Er ist die beste Führungspersönlichkeit in der gesamten Autoindustrie. Und damit basta.«

5. Wer braucht Bilanzprüfer?

Buchhalter? Ja. »Ernste Finanzanalytiker?« Nein danke! So jedenfalls denkt Lee Iacocca über Lynn Townsend und John Riccardo, seine Vorgänger als Chrysler-Vorsitzende, die den Großteil der Schuld an der Talfahrt des Konzerns trugen.

Es überraschte den bei Ford ausgebildeten Iacocca besonders, daß Chrysler kein umfassendes System für interne Finanzprüfungen hatte, obwohl der Finanzexperte Townsend und dessen Schützling Riccardo den Konzern achtzehn Jahre lang geleitet hatten. Iacoccas Diagnose des Krankheitsbildes eines ehemals hervorragenden Chrysler-Konzerns besagt viel über seine Philosophie der Unternehmensführung.

Iacocca gibt zu, daß er bei Ford die Chrysler-Werke fast völlig ignoriert hatte. »Seitdem Ford Chrysler in den frühen fünfziger Jahren überholt hatte«, bestätigt Iacocca, »hatten wir uns ganz auf General Motors konzentriert.« Vor seinem Übergang zu Chrysler war er dort nur einmal Gast, als sich die drei größten Autoproduzenten zu einem Gipfelgespräch über die Verhandlungen mit der Automobilgewerkschaft trafen.

Bei Ford hatte jedes Werk einen genauen Haushalt. Die Gewinnmarge im Verhältnis zu Investitionen war ein ständig beobachteter finanzieller Maßstab für jeden Werksdirektor, Abteilungs- und Bereichsleiter. Zu Iacoccas Leidwesen fehlte dieses System völlig in Chryslers chaotischer Führungsstruktur. »Ich konnte mir einfach nicht vorstellen, daß man mir die richtigen Zahlen nicht geben konnte, um die Grundprobleme des Konzerns anzupacken«, beklagte sich Iacocca.

Iacocca versuchte zu verstehen, warum ein »Erbsenzähler« wie Townsend so nachlässig sein konnte. Er kam zu dem Schluß, daß Townsend sich so intensiv mit den Gewinnen für das nächste Vierteljahr beschäftigt haben muß, daß er an langfristiger Planung kein Interesse mehr haben konnte. Townsend hat Chryslers technische Planungs- und Konstruktionsabteilung vernachlässigt. Sie war einst der Stolz des ganzen Konzerns. Dadurch, so meint Iacocca, hat Chrysler den Platz als Schrittmacher in der Entwicklung von neuen Personenwagen und Lastkraftwagen verloren. Die Aktionäre waren zufrieden, weil Townsend einige gute Gewinn- und Dividendenjahre vorweisen konnte, obwohl er diesen Erfolg auf Kosten der langfristigen Gesundheit des Konzerns und der Händler erkaufte. Obendrein wurde der Aufsichtsrat nicht über den wahren Stand der Firmenfinanzen informiert. Man überließ Townsend das Ruder und hielt sich zurück wie in den guten alten Zeiten von Walter Chrysler und K.T. Keller.

Es war schlimm genug, daß Townsend keinen langfristigen Überblick hatte. Aber Townsend, der 1976 nach seinem Abgang stolz behauptete, die Zeit bei Chrysler hätte ihm »10 Millionen Dollar in die eigene Tasche gebracht«, hatte außerdem eine Todsünde für Autoproduzenten begangen: »Im Grunde seines Herzens mochte er das Autogeschäft nicht.« Das meint jedenfalls Iacocca, der Vater des Ford Mustang.

In den frühen siebziger Jahren versuchten Chevrolet und Ford mit dem Vega und dem Pinto die Invasion der Volkswagen (Käfer und Rabbit) und anderer Sparautos aus Japan aufzufangen. Doch Townsend blockierte jahrelang den Vorschlag seiner Ingenieure, ebenfalls einen konkurrenzfähigen Kleinwagen auf den Markt zu bringen. Auf einer Pressekonferenz nach der anderen erklärte er, daß, abgesehen von seinen Mittelklassewagen Aspen und Volare, im Kleinwagengeschäft nichts zu holen wäre.

Iacoccas Verdacht, daß Townsend keine große Liebe für das Autogeschäft empfand, wurde durch seine passive Haltung gegenüber der Öffentlichkeitsarbeit bestätigt. Er fehlte ständig bei Presseereignissen, Veranstaltungen in der Fabrik oder bei Verhandlungen mit der Gewerkschaft. Selbst Walter Chrysler, K.T. Keller oder Tex Colbert hatten nicht so drastisch die Öffentlichkeit gemieden. Townsends Ära bei Chrysler unterstreicht den Wert von pragmatischen, zupackenden Führungskräfte im Gegensatz zu »geldhörigen« Finanzleuten, die nichts von Entwicklung und Fertigung der Autos verstehen.

Es muß jedoch anerkannt werden, daß Townsend die Produkte des skandalumwitterten Chrysler-Konzerns meistens zu liefern verstand. Er stellte zwar keinen jugendlichen Mustang vor und machte kaum Schlagzeilen in der Presse, doch er meisterte die Wissenschaft (und Kunst) des Autoproduzenten, der sein Produkt an die wichtigsten Kunden, die Autohändler, verkaufen konnte. »Ich habe nie ein Auto gebaut, das nicht auch verkauft wurde«, sagt der forsche Manager aus der GM-Autostadt Flint in Michigan, wo er am 12. Mai 1919 geboren wurde. »Das wichtigste ist das Geschäftsvolumen.«

Townsend hatte Rechnungswesen an der Michigan-Universität studiert und das Diplom als zweitbester seines Jahrganges erhalten. Sein Professor erinnert sich, daß »er noch nie einen Studenten gekannt hat, der eine größere Begabung für das Rechnungswesen und die Finanzanalyse mitbrachte«. Townsend diente während des Zweiten Weltkrieges in der US-Marine und ging dann zur Revisionsfirma Touche, Ross, Bailey and Smart in Detroit, zu deren Kunden Chrysler gehörte. Seit 1947 prüfte Townsend Chryslers Jahresbilanz. Zehn Jahre später wurde er von Chrysler als Chefbilanzprüfer eingestellt. So wie der dreiunddreißigjährige Iacocca bei Ford seine Karriere machte, war auch Townsend mit achtunddreißig Jahren bei Chrysler auf dem Wege »nach oben«.

Colbert erwartete von Townsend eine Verbesserung der Rentabilität seines Konzerns. Townsend führte drei Grundprogramme bei Chrysler ein, die vorher jahrelang bei GM und Ford erfolgreich benutzt wurden: Ein laufendes Gewinnermittlungssystem zur Kontrolle der täglichen Kosten, ein Kapitalinvestitionsprogramm zur Kontrolle der Fertigungskosten und technischen Ausgaben und ein Programm zur Kostenkontrolle der Neuwagenentwicklungen. Townsends Haushaltsexperten waren im ganzen Unternehmen gefürchtet. Und Townsend schockierte altgediente Mitarbeiter mit der Ankündigung, er würde in zwei Jahren Präsident von Chrysler werden.

Townsend bewegte sich im Konzern wie ein zukünftiger Herrscher, mit dessen Macht man zu rechnen hatte. Iacocca sollte zwanzig Jahre später mit dem gleichen Anspruch durch das Unternehmen streifen. Townsend kaufte Computer, strich überflüssige Arbeitsabläufe und bevorzugte das konservative Styling von GM. Als er im Dezember 1960 Verwaltungsdirektor wurde, warf er siebentausend Büroangestellte hinaus, etwa 15 % der gesamten Belegschaft. Dieses sogenannte »Blutbad« konnte dem Unternehmen 50 Millionen Dollar im Jahr einsparen. Allerdings wurden auch viele altgediente Mitarbeiter entlassen, die nur Wochen oder wenige Monate vor der Pensionierung standen. Hauptziel dieser grausamen Aktion war es, die Aufmerksamkeit der Öffentlichkeit vom Newberg-Skandal abzulenken. Durch sein hartes Durchgreifen erwarb sich Townsend den Präsidentenposten am 21. Juli 1961. Viele sahen im unbestechlichen Townsend Chryslers einzige Überlebenschance.

Im Gegensatz zum wankelmütigen Colbert, der oft den Rat des Menschen befolgte, den er gerade zuletzt gesprochen hatte, war

Townsend die Selbstsicherheit in Person. Um den Verkauf der Chrysler-Wagen anzukurbeln, fusionierte er die Werke Imperial und Plymouth, stellte die Produktion des zu teuren DeSoto ein, schloß ein Imperial-Werk in Detroit und engagierte den Verkaufsdirektor Virgil Boyd von American Motors, der den erfolgreichen Rambler vermarktet hatte. Townsend setzte sich über ein altes Chrysler-Tabu hinweg und gründete eine Kreditfiliale, Chrysler Financial, nach dem Vorbild von Ford und General Motors. Und er bemühte sich intensiv, einen neuen Chef des Styling von Ford abzuwerben.

Dies alles ähnelte den chirurgischen Eingriffen, die Iacocca zwei Jahrzehnte später mit scharfem Skalpell an der Chrysler-Leiche vornehmen sollte. Die New Yorker Wirtschaftsjournalisten ehrten Townsend als »Mann des Jahres«. Das Nachrichtenmagazin *Time* nannte Townsend »das große Comeback der US-Geschäftswelt« und plazierte sein Bild auf die Umschlagseite – zwei Jahre vor Iacoccas Erscheinen in *Time* und *Newsweek* als großer Held des Ford Mustang.

Zu weiteren Erneuerungen dieser Zeit gehörten das noch heute benutzte Pentastern-Firmenzeichen und eine fünfjährige, für 50 000 Meilen gültige Getriebegarantie. Sie wurde von allen Konkurrenten zunächst übernommen aber in den späten sechziger Jahren wieder aufgegeben, weil sich die Qualität der US-Neuwagen verschlechtert hatte. Außerdem schuf Townsend neue Fertigungsanlagen außerhalb von Detroit und eine Abteilung für den werkseigenen Autovertrieb. Diese Organisation war zu Anfang erfolgreich, wurde aber später von den selbständigen Vertragshändlern mit dem Argument angegriffen, Chrysler würde unlauteren Wettbewerb betreiben.

Townsend konnte mit seinen Aktionen reife Früchte ernten. Die Gewinne, immer das wichtigste für einen »Erbsenzähler« wie Townsend, kletterten von 9 Millionen Dollar im Jahre 1960 auf

239,5 Millionen im Jahre 1965. Der Marktanteil stieg auf einen achtjährigen Höchststand von 15 Prozent. Als Love im Juli 1967 den Vorsitz an Townsend abgab und der »Händlerfreund« Virgil Boyd Präsident wurde, konnte Chrysler einen Gewinn von 203 Millionen Dollar verzeichnen.

Aber dann begann alles, was der Chefbuchhalter langsam aufgebaut hatte, in sich zusammenzufallen. Der Abstieg kam wahrscheinlich schon im Jahre 1964, als Townsend nach einem einwöchigen Streik der Automobilgewerkschaft einlenkte und fast alle Bedingungen des Gewerkschaftsvorsitzenden Walter P. Reuther und des Arbeiterfunktionärs bei Chrysler, Douglas A. Fraser, akzeptierte. Die harten Gewerkschafter Reuther und Fraser fühlten, daß Townsend keinen neuen hunderttägigen Streik wollte und erzielten somit die günstigsten Vertragsbedingungen in der Geschichte der amerikanischen Automobilgewerkschaft.

Chryslers »Kapitulationsvertrag« mußte von GM und Ford übernommen werden. Die Automobilindustrie geriet in eine Phase hoher Lohnkosten, die fünfzehn Jahre später die Schleusen für Billigautos aus Japan öffnete. Fraser, der 1980 von Iacocca in den Aufsichtsrat von Chrysler geholt wurde, erntete ironischerweise die Anerkennung dafür, die Arbeiter bei Chrysler während der kritischen Jahre bei der Stange gehalten zu haben.

Man weiß nicht, ob ein Iacocca 1964 so schnell auf die Forderungen der Gewerkschaft eingegangen wäre. Die drei großen Autoproduzenten mußten abwechselnd alle drei Jahre mit der Gewerkschaft verhandeln. Meistens wurde dann das Unternehmen bestreikt, das gerade in der Lohnrunde an der Reihe war. Iacocca ist kein Arbeiterfeind im Stile eines Walter Chrysler oder K.T. Keller. Allerdings hat er 1982 hart mit der Automobilgewerkschaft verhandelt, als Chrysler große Zugeständnisse von den Arbeitern benötigte. Im Herbst von 1984 weigerte sich Iacocca sogar, den Vertrag ein Jahr früher zu verhandeln, nachdem die Gewerkschaft bereits viele Zugeständnisse von GM und Ford erhalten hatte. Wenn Iacocca heute durch das Werk geht, jubeln ihm die Arbeiter zu – ein Beweis der Zuneigung, den bisher noch kein Topmanager in der Autobranche erhalten hat.

Townsend hatte die Wiedergeburt von Chrysler erreicht und konnte sich nun anderen Aufgaben zuwenden. In den späten sechziger Jahren ließ er die Zügel für die Produktentwicklung lockern. Große, kastenförmige Wagen erschienen, die man seit 1950 nicht gesehen hatte. Aber die Käufer interessierten sich mehr für kleinere Autos. Die Modelle des Jahres 1969 einschließlich des vergrößerten New Yorker und des schweren Plymouth Fury wurden vom Käufer hartnäckig ignoriert. Der Absatz fiel rapide.

Townsend blieb unbeeindruckt. Einige Insider behaupteten, daß ihn sein Job bereits langweilte. Er versuchte, die jüngste Krise mit dem Glauben zu meistern, die täglichen »Zahlen« würden das Unternehmen wieder herausziehen. Kein anderer Manager eines Automobilkonzerns war wie Townsend von einem fast religiösen Glauben an Tagesberichte und Statistiken durchdrungen: die Vortagesproduktion, Monatsauslieferungen, Umsatzziele, verfügbare Barreserven, Absatzzahlen beim Großhandel, Neuaufträge und schließlich der Vergleich von Absatz, Produktion und Aufträgen.

Iacocca meint, daß Townsend durch die Konzentration auf das Tagesgeschäft die langfristigen Ziele vergessen hat. Wirtschaftsprüfer interessieren sich instinktiv für momentanen Cash Flow und die Steuerverbindlichkeiten. Während es Roger Smith, dem GM-Vorsitzenden, erstaunlich gut gelang, sich an Innovation und Wachstum anzupassen, konnte Townsends Naturell diese Flexibilität nicht vorweisen. Außerdem hatte er seinen fünfundvierzigjährigen Freund John J. Riccardo, einen Wirtschaftsprüfer bei Touche, Ross als seinen Ersatzmann und eventuellen Erben herangezogen.

Riccardo war 1959 zu Chrysler gekommen und hatte sich durch

die Abteilungen nach oben gearbeitet. Er war Leiter der *Dodge Division*, als er den Präsidenten Virgil Boyd im Januar 1970 nach der Katastrophe von 1969 ersetzen sollte. Riccardo freute sich auf fünfundzwanzig Jahre Präsidentschaft mit anschließendem Vorstandsvorsitz bei Chrysler. Townsend hatte versprochen, »weit vor dem fünfundsechzigsten Lebensjahr« in Pension zu gehen. Selbst als Chrysler von vielen Problemen zugleich befallen wurde, hat sich Riccardo nie ernsthaft mit Townsend angelegt. Acht Jahre später traf sich der angeschlagene Vorstandsvorsitzende John Riccardo zu einer Geheimsitzung mit dem ehemaligen Ford-Präsidenten Iacocca und bat ihn inständig, das sinkende Schiff zu retten.

6. Beginn einer Rettungsaktion

Chryslers große 69er Modelle wurden so verheerend vom Käufer vernachlässigt, daß die Gewinne von 1968 auf 1969 von 302,9 Millionen Dollar auf nur 99 Millionen absackten. Zunächst entließ Townsend 11 300 der 140 000 Arbeiter bei Chrysler. Als die Verkaufszahlen weiter nach unten fielen, ordnete Townsend drei Haushaltskürzungen in einem Jahr an und verlangte eine vollständige Umgestaltung der 69er Modelle, was man ursprünglich erst für 1971 für die 72er Modelle geplant hatte.

Jetzt ging es um Townsends Ruf als Finanzgenie, den er auf jeden Fall schützen wollte. Er bestand auf der Weiterzahlung von zwei Dollar Dividende pro Aktie, die der Konzern während der drei Erfolgsjahre zwischen 1966 und 1968 ausgeschüttet hatte. (Diese Dividende war mit das erste Opfer unter Iacoccas Herrschaft. Die Dividende war ein altes Symbol in Chryslers Geschichte für den Unterschied zwischen den »Eigentümern« des Unternehmens und den Arbeitern, die das Produkt herstellten, und den Kunden, die die Autos kauften.)

Wegen seiner kurzen Wutausbrüche in Krisensituationen wurde Riccardo »der Flammenwerfer« von den Untergebenen genannt. Doch weit mehr als Townsend war Riccardo grüblerisch veranlagt. Er konnte sich in Probleme vertiefen und quälte sich mit deren Lösungen, während Townsend sich an seine stets gegenwärtigen Zahlen klammerte und sofortige Lösungen anordnete und Heilmittel verschrieb. Allerdings hatte sich Riccardo nicht den alten Produktanweisungen verschrieben und neigte eher dazu, mit der Konkurrenz gleichzuziehen und alte Chrysler-Tabus abzuschaffen wie Kleinwagen, Vierzylindermotoren und Vorderradantrieb.

Als gläubiger Katholik, der fast täglich zur Morgenmesse ging, mußte sich Riccardo im Gebet Hilfe für die Lösung des stets wiederkehrenden Traumas der 70er Jahre geholt haben. Im ersten Jahr seiner Präsidentschaft – 1970 – erlitt Chrysler Verluste in Höhe von 7,6 Millionen Dollar. Es waren die ersten roten Zahlen seit 1959. Nur zögernd entschied Townsend, die Dividende auf sechzig Cents pro Aktie zu verringern.

Robert Anderson wurde ein berühmtes Opfer von Townsends Entschluß, Riccardo zum Chrysler-Präsidenten werden zu lassen. Anderson war ein angesehener Manager, den viele in Detroit den besten Produktexperten bei Chrysler nannten. Anderson ist jetzt Vorsitzender von Rockwell International. Er hätte Chrysler viele Qualitätsmängel ersparen können, die den Konzern während der 70er Jahre peinigten. Aber Riccardo, nicht er, wurde Präsident bei Chrysler.

Anderson hatte ähnliche Probleme mit Townsend in den späten sechziger Jahren wie Riccardo in den frühen siebziger Jahren. »Townsend war ein anderer Mensch geworden«, erinnert sich Anderson. »Sein Blickwinkel, seine Methoden, hatten sich verändert. Er konnte keinen Rat mehr entgegennehmen. Er wurde ungeduldig, trank gelegentlich einige Martinis zu viel und fühlte sich nicht wohl in seiner Haut, wenn er vor einem Publikum reden mußte. Ich weiß nicht warum, aber er war fast eine andere Person geworden.«

Ein leitender Finanzexperte bei Chrysler, der Townsend als entscheidungsfreudigen Spitzenmanager bewunderte aber dem dessen wiederholt irrationale Handlungen auffiehlen, gelangte zur Überzeugung, daß keine wichtige Führungspersönlichkeit in der Automobilbranche länger als zehn Jahre im Amt bleiben sollte. Selbst Iacocca, ein mäßiger Konsument von Alkohol mit rücksichtsvollem Verhalten gegenüber Kollegen und Untergebenen, hat von der Anstrengung gesprochen, den gleichen Spitzenjob zu lange auszuüben.

1970 geriet der neue Chrysler-Präsident zusätzlich durch GM unter Druck. Chevrolet führte den Kleinwagen Vega mit dem neuen Aluminiummotor ein. Ford sollte mit dem kleinen Pinto folgen. Chrysler hatte sich vom Kleinwagenmarkt ferngehalten. Allerdings entstanden dadurch den bedrängten Chrysler-Händlern erhebliche Verluste, da sie sich nicht am Kleinwagengeschäft beteiligen konnten. Die Verkaufsergebnisse verschlechterten sich 1970 ständig. Als Vorgeschmack für den fast gelungenen Todesstoß zehn Jahre später drehten die Geldgeber den Kredithahn zu, als im Juni die riesige Penn Central Transportgesellschaft den Bankrott erklärte.

Der durch Penn Centrals Zusammenbruch ausgelöste Schock übertrug sich blitzschnell auf Chrysler. Der Konzern war bereits infolge von Absatzeinbußen angeschlagen. Die Banken hielten Chrysler Financial für äußerst verwundbar, weil nicht genügend Reserven vorhanden waren, um Verpflichtungen aus kurzfristigen Schuldverschreibungen nachzukommen.

Townsend und Riccardo befürchteten den unfreiwilligen Bankrott der Chrysler-Finanzgesellschaft, wodurch der Absatz blokkiert und die Chrysler-Aktie gefährdet worden wäre. Mit Hilfe von Chryslers Hausbank, der amerikanischen Bundesbank und ständigen Notrufen der Chrysler-Finanzleiter an viele Banken konnten genug Mittel aufgetrieben werden, um das Unwetter von Chrysler Financial abzuwenden.

Die 1970er Erfahrung war ein harter Einstand für den neuen

Chrysler-Präsidenten und führte zu einer endlosen Runde weltweiter Bankbesuche, die bis zu Riccardos Ausscheiden im September 1979 andauern sollte. Chrysler steckte mitten in einer verzweifelten Verhandlungsrunde, um sich durch Bundeskreditgarantien zu retten. Als Iacocca zu Chrysler kam, konnte er nicht verstehen, warum Riccardo so viel Zeit mit Bankern verbracht hatte anstatt neue Produkte oder Programme zur Erschließung unberührter Märkte zu entwickeln.

Es hat auch nichts geholfen, daß Riccardo wie sein Mentor Townsend ein »Erbsenzähler« war. Als die Banken erst einmal 330 Millionen Dollar zur Verfügung gestellt hatten, bestand sein Heilmittel gegen Absatzschwierigkeiten aus der Entlassung von Personal: etwa sechstausend *White-collar*-Angestellte wurden vor die Tür gesetzt.

Chrysler wurde noch einmal gerettet, als der gesamte Automarkt wieder in Bewegung geriet. Chryslers neue 1971er Mittelklassewagen brachten eine Beruhigung, die bis 1974 andauerte. Townsend und Riccardo reagierten auf die neuen GM- und Ford-Kleinwagen und die wachsende Flut japanischer Importe durch den Kauf einer 15prozentigen Beteiligung an Mitsubishi; jetzt konnte Chrysler selbst Kleinwagen importieren – den Dodge Colt und den Plymouth Cricket.

Wegen der schlechten Finanzlage und Townsends Vorliebe für größere Wagen entschied man sich bei Chrysler gegen die Entwicklung eines Kleinwagens. Seit 1963 hatte der Konzern kaum weniger Geld als im Jahre 1971 ausgegeben, obwohl Chrysler 1,1 Millionen Fahrzeuge mehr verkaufte. Ein Aufsichtsratsmitglied erinnert sich: »Wir haben einfach nur Kredite aufgenommen, um Dividenden und Zinsen zu bezahlen, anstatt in neue Modelle zu investieren. Es war eine Aktion zur Erhaltung des Bestehenden.«

Diese Aktion galoppierte einem neuen Absturz entgegen. Im Frühjahr 1973 entschied der Vorstand von General Motors mit fast prophetischem Weitblick, alle Autos der nächsten fünf Jahre zu verkleinern. Im Oktober, als Chrysler gerade die neuen Limousinen vorstellte, brach der Yom Kippur-Krieg zwischen Israel, Ägypten, Jordanien und Syrien aus. Die OPEC boykottierte die Öllieferungen an Israels wichtigsten Freund, die USA. Die gesamte US-Industrie erlebte einen Alptraum. Doch Chrysler erging es am schlimmsten. Der Konzern konnte keine einheimischen Kleinwagen liefern, die plötzlich sehr gefragt waren.

Nun mußten die amerikanischen Autofahrer vor den Tankstellen Schlange stehen. Große »Benzinschlucker« waren ebenso beliebt wie Heizöfen am Äquator. Chrysler fuhr wieder in die roten Zahlen und machte 1974 Verluste in Höhe von 52 Millionen Dollar. Jetzt wollte Townsend das sinkende Schiff verlassen. Doch vorher griff er zu einem altbekannten Mittel: Fast ein Drittel der Belegschaft wurde zwischen 1974 und 1975 entlassen, darunter 80 Prozent der Ingenieure, von denen viele an Zukunftsprojekten arbeiteten. Während der Absatz zurückging, wuchs der Schuldenberg. Wieder verbreitete sich eine teuflische Untergangsstimmung bei Chrysler.

Als dann das Ölembargo aufgehoben wurde und der Konzern das Disaster von 1974 überwinden konnte, fällte Townsend eine unglückliche Entscheidung, die aus der Rückschau an Selbstzerstörung grenzte: Er verfügte eine starke Produktionsbeschleunigung der 1975er Modelle. Aber jetzt geriet das Land in eine Rezession, und wegen der mangelnden Nachfrage stapelten sich die überschüssigen Wagen auf den Freiplätzen der Autohändler.

Die Situation mit den traurigen Überbeständen wurde durch die schlechte Qualität der meisten Chrysler-Autos verschlimmert. Seit den späten sechziger Jahren hatte Chrysler seine Autos nie richtig verbessert. »Wir bauten und lieferten einen Haufen Schrott«, sagt ein ehemaliger Produktionsleiter bei Chrysler.

Jetzt versuchte der Konzern, mit einer bisher beispiellosen

Aktion das schlimmste zu verhüten. Zum ersten Mal seit 1933 wurde keine Dividende ausgeschüttet. Dazu bemerkte ein aufgebrachter Aktionär: »Man geht nicht zum Arzt, um sein Testament machen zu lassen. Man geht nicht zum Wirtschaftsprüfer, um ein Auto bauen zu lassen.«

Als der Marktanteil 1975 noch mehr schrumpfte (unter 12 Prozent) und ein Rekordverlust von 259,5 Millionen Dollar ins Haus stand, bereitete Townsend seinen Abschied vor. Im Juli 1976 kündigte er an, daß er den Vorstandsvorsitz im folgenden Oktober abgeben würde. Als Nachfolger schlug er John Riccardo vor. Der Direktor für das Nordamerika-Geschäft, Eugene Cafiero, sollte zum Präsidenten befördert werden. Cafiero war ein Industrie-Ingenieur aus New York, der 1953 zu Chrysler gekommen war.

Der Aufsichtsrat schloß sich pflichtbewußt Townsends Empfehlungen an, obwohl einigen Mitgliedern Riccardos streitsüchtiger Ruf mißfiel und sie sich gegen die Weiterführung des Unternehmens durch einen Buchhalter aussprachen. Gegen den letzteren Einwand verteidigte sich Riccardo heftig mit Argumenten, die genau das Gegenteil der Meinung eines Iacocca oder Don Petersen bei Ford darstellten: »An der Spitze eines Unternehmens ist es ganz gleich, worin man ausgebildet wurde. Auf dieser Ebene werden keine Autos entwickelt oder gebaut. Wir setzen Ziele, bestimmen die Unternehmenspolitik und beaufsichtigen die Geschäfte.«

Bei einer Pressekonferenz im vollgepackten Konferenzsaal von Chrysler überraschten der Vorstandsvorsitzende Riccardo und der Präsident Cafiero die Beobachter der Autoindustrie, indem sie unterschiedliche Meinungen über die Zukunft des angeschlagenen Konzerns äußerten. Riccardo sagte: »Chrysler wird sich um alle neuentstehenden Marktsegmente bemühen.« Er deutete somit zum ersten Mal Chryslers Plan an, einheimische Kleinwagen zu produzieren. Cafiero sagte: »Chrysler wird sich Marktsegmente aussuchen, um somit Neuwagen für weniger Adressaten zu bauen.« Als Riccardo bemerkte, was sein Präsident gerade gesagt hatte, fiel er ihm ins Wort und beantwortete eine andere Frage. Der Vorfall war ein düsteres Omen.

In den drei Jahren 1975-78 vor Iacoccas Auftritt verschärfte sich der Gegensatz zwischen den beiden Spitzenmanagern. Ironischerweise hat sich Cafieros Konzept der begrenzten Produktion und Marktsegmentierung unter Iacocca durchgesetzt. Riccardos Versuch, den ganzen Markt wie seine Vorgänger Keller, Colbert und Townsend zu beliefern, stellte sich als Mißerfolg heraus. Ohne das erfahrene Management von GM oder Ford war diese Politik bei Chrysler jedoch so eingefahren, daß Riccardo nach nur sechzehn Jahren zum Vorstandsvorsitzenden aufsteigen konnte. Bei GM oder Ford hätte diese Karriere mindestens dreißig Jahre gedauert.

Riccardo erreichte die Spitze, als Chrysler durch einen gefährlichen Strudel in den Abgrund gezogen wurde. Es ging um das Überleben des Konzerns. Riccardo machte sich mit gewohnter Entschlußfreudigkeit an die Arbeit. Sein Ruf stand auf dem Spiel. Er mußte schnell handeln, wenn er Chrysler vor dem Ruin retten wollte und seinen Vorstandsvorsitz in den achtziger Jahren behalten wollte. Aber er mußte schon vor 1980 abtreten; allerdings hatte er sich redlich bemüht.

7. »Wo gibt es Hilfe?«

Als John Riccardo 1975 die Führungsspitze von Chrysler übernahm, wurde er von allen Seiten bedrängt. Eine geregelte Amtsübergabe hat es bei Chrysler in der Zeit nach dem Zweiten Weltkrieg nicht gegeben. Aber kein Vorgänger des grüblerischen Riccardo mußte sich mit derart schwierigen Problemen auseinandersetzen, die ihn 1975 überfielen: Neuwagen- und Lastautobestände waren bis zu 400 000 Einheiten angewachsen, die das arg angeschlagene Autowerk bis zu 1,5 Millionen Dollar pro Arbeitstag kosteten. Townsend hatte mit seinen Kürzungen die Gewerkschaft verärgert, die ihre Absicht bereits angekündigt hatte, Chrysler als Verhandlungspartner für den Arbeitsvertrag von 1976 auszuwählen. Unter dem Eindruck des 1974er Ölembargos verabschiedete die Bundesregierung eine Automobilverordnung nach der anderen.

Am schlimmsten war, daß Chrysler die dringend benötigten Pläne zur Entwicklung von Neuwagen wegen der fehlenden Barmittel ständig aufgeschoben hatte. Ohne eine massive Geldspritze war es unmöglich, den Erfolg von GMs Wagen mit Vorderradantrieb einzuholen. Obendrein wurde die Neueinführung der Plymouth Volare und Dodge Aspen im Herbst 1974 durch unzulängliche Straßentests getrübt, so daß Motoren ausfielen und Mängel an den Motorenhaubenverschlüssen entstanden. 3,5 Millionen Autos mußten zur kostenlosen Reparatur durch die

Händler zurückgerufen werden, wodurch dem Konzern eine Rechnung von mehr als 200 Millionen Dollar präsentiert wurde.

Zum ersten Mal in zwanzig Jahren hatte Chrysler in Präsident Cafiero einen Spitzenmanager mit Erfahrung im Fertigungsbereich. Er konzentrierte sich darauf, dieses Desaster aus der Welt zu schaffen und die Entwicklung zukunftsorientierter Neuprodukte zu beschleunigen. Aber selbst ein technisch versierter Mann wie Cafiero konnte nichts gegen die Flut von Garantieansprüchen unternehmen, die sich wegen der defekten Aspen und Volare über den bedrängten Konzern ergoß.

Schon früh hatte sich Cafiero mit Riccardo über grundlegende Fragen so zerstritten, daß sie kaum mehr miteinander sprachen. Wegen der von Riccardo angeordneten Haushaltskürzungen konnte Cafiero nicht genug Geld aufbringen, um die vorderradgetriebenen Kleinwagen Omni und Horizon rechtzeitig zum Herbst 1977 vorzustellen. Die ersten Wagen mit Vorderradantrieb, die von den drei großen Autokonzernen entwickelt wurden, erschienen im Januar 1978 auf dem Markt. Bis dahin war man überzeugt, daß die Zeit für die Einführung derartiger Wagen sehr ungünstig war. Es grenzte an ein Wunder, daß Omni und Horizon überhaupt dabei sein konnten.

Inzwischen verbrachte Riccardo enorm viel Zeit damit, die vierzig wichtigsten Banken des Konzerns zu besuchen. Jede dieser Banken wurde von ihm nicht weniger als dreimal zwischen 1976 und 1979 aufgesucht. Der Grund dafür lag eher in seinem Charakter als in Chryslers finanzieller Entwicklung. Trotz des Fiaskos mit Aspen und Volare stiegen die Konzerngewinne 1976 nach dem Ende des Ölembargos auf 422,6 Millionen und auf 163,2 im Jahre 1977. Aber im Gegensatz zu Townsend steuerte Riccardo das Schiff, als ob es sich um die von Eisbergen bedrohte Titanic handelte. Wer einmal gestrandet war, blieb ein gebranntes Kind; und Riccardo sah stets eine Katastrophe auf sich zukommen.

Gleichzeitig imitierte Riccardo den oft unrealistischen Townsend durch allzu schnelles Eingehen auf Gewerkschaftsforderungen. 1976 wollte er verzweifelt einen langfristigen Streik vermeiden und schloß einen teuren Vertrag mit der Gewerkschaft. Dadurch stiegen die Produktionskosten im empfindlichen *Breakeven*-Bereich um ungefähr einhundert Dollar pro Auto. Außerdem setzte er die Tradition seiner Vorgänger fort, indem er die gewerkschaftliche Forderung nach einem Sitz im Aufsichtsrat ablehnte.

Dann überwarf sich Riccardo mit Regierung und Öffentlichkeit. Chryslers Image nahm erneut Schaden. Als wichtiger Mann in der Autobranche versuchte er fast im Alleingang, sich gegen die neuen Kongreßverordnungen und Erlässe des Verkehrsministeriums zu stemmen, das mit neuernannten Beamten der Carter-Regierung besetzt war. Die der Autoindustrie auferlegten Sicherheits- und Abgasvorschriften kosteten ungefähr 750 Dollar pro Wagen. Kein kleiner Betrag für den angeschlagenen Chrysler-Konzern. Riccardo hetzte gegen die Bundesregierung und deren »Einmischung« in die Privatwirtschaft. Schließlich mußte er seine Kampagne gegen die Autoverordnungen aufgeben. Wenn er Chryslers Interesse an staatlichen Bürgschaften vorausgesehen hätte, um die man einige Jahre später bitten mußte, dann hätte er die Anti-Regierungskampagne gar nicht erst in Gang gebracht.

Konnten Riccardo und Cafiero denn gar nichts richtig machen? Sie schossen ein Eigentor nach dem anderen. Allerdings gelang ihnen endlich ein Elfmeter, als sie Ende 1976 den siebenundfünfzigjährigen tüchtigen Ingenieur Harold Sperlich einstellten. Sperlich war Spezialist für die Entwicklung von Neuwagen. Einen Monat zuvor hatte ihn Henry Ford II entlassen, weil er sich zu deutlich für die Erneuerung von Kleinautos stark gemacht hatte und somit beim Ford-Vorstand in Ungnade gefallen war.

Sperlich war Lee Iacoccas liebster Experte für Produktplanung.

Er hatte sich um die Amerikanisierung des aus Spanien importierten Kleinwagen Fiesta verdient gemacht. Aber weder Iacocca, der auch langsam bei Ford in Ungnade fiel, noch Sperlich konnten ihre Chefs von einem amerikanischen Kleinwagenprogramm überzeugen, das die Konkurrenz durch die Chrysler Omni und Horizon und die X-Autos von GM abwehren sollte. Insgeheim arbeiteten Iacocca und Sperlich an einem Vertrag mit dem japanischen Kleinwagenproduzenten Soichiro Honda über den Kauf von Getrieben. Als Henry Ford von dem Geschäft erfuhr, explodierte er: »Kein japanisches Produkt kommt in ein Auto, das unter meinem Namen verkauft wird!«

Iacocca war überrascht, als er im Sommer 1976 von Ford den Auftrag erhielt, Sperlich »aus persönlichen Gründen« zu entlassen. Er weigerte sich, seinen loyalen Produktleiter persönlich hinauszusetzen und übertrug diese Aufgabe dem leitenden Vizepräsidenten William O. Bourke. Sperlich hat nie erfahren, warum Ford so hart mit ihm umsprang. Er konnte wohl Genugtuung empfinden, als Bourke im Frühling 1980 selbst von Ford hinausgesetzt wurde, weil die Abwesenheit von Kleinwagen mit Vorderradantrieb bei Ford zu bösen Absatz- und Gewinnverlusten führte.

Durch Sperlichs Entscheidung, sofort zu Chrysler zu gehen, wurde die Bühne frei für ähnliche Überläufe wenige Jahre später, als Iacocca und viele andere leitende Angestellte von Ford zu Chrysler kamen. Historiker mit Sinn für Machiavellis Philosophie meinten, Sperlichs Wechsel von Ford zu Chrysler, wo er jetzt Vorstandsvorsitzender ist, wäre Iacoccas ausgebuffter Trick gewesen, Sperlich zuerst zu Chrysler gehen zu lassen, wohin Iacocca dann selbst wollte. Dieses Geschehen würde aber nur eintreffen, wenn man den Gewinner des nächsten Pferderennens voraussagen könnte. Warum sollte Cafiero den hinausgeworfenen Sperlich aufnehmen, der ein »U-Boot« für Iacocca sein könnte und vielleicht Cafieros Autorität untergraben wollte?

Auf jeden Fall brachte Sperlich gute Sachkenntnisse über den Kleinwagenbau zu Chrysler. Außerdem war er entschlossen, die angeschlagenen Produkte des Konzerns aufzubessern. Zunächst konzentrierte er sich auf den Kleinwagen mit der K-Karosserie, der 1980 von Chrysler vorgestellt werden sollte.

Allerdings ging der Konzern zunächst wieder in die roten Zahlen. Die Produktionskosten für Kleinwagen und Limousinen stiegen, und der Autoabsatz fiel zurück. 1978 erlitt Chrysler Verluste in Höhe von 204,6 Millionen Dollar. Das Gegenmittel war altbewährt: Haut den Boß und holt Euch einen neuen! Dieses Spielchen wurde bei Chrysler inszeniert, seitdem Colbert Keller hinaussetzte und Townsend Colbert ablöste. Jetzt konnte Riccardo selbst Townsend hinausgeleiten.

Aber das gleiche Spiel war auch bei Ford sehr beliebt. Iacocca sah, wie ein Präsident nach dem anderen auf Veranlassung des hartnäckigen Vorstandsvorsitzenden Henry Ford II den Hut nehmen mußte. Iacocca selbst wurde durch den aufstrebenden Philip Caldwell übergangen. Schließlich wurden auch die Manager der Baseball- und Football-Mannschaften in Detroit ständig ausgewechselt; warum sollte man bei den Automobilkonzernen, den wichtigsten Arbeitgebern der Autostadt, nicht ähnlich verfahren?

Das Prinzip der Kontinuität, fest verankert in der Spitzenführung von General Motors, war bei Chrysler und Ford nur ein schwaches Lippenbekenntnis. Bei Ford kamen und gingen die Manager. Viele hatte Iacocca selbst eingestellt und wieder entlassen müssen. Bei Chrysler hat Iacocca dann dreißig der dreiunddreißig Vizepräsidenten an die Luft gesetzt. Iacoccas Erklärung dafür: Man müsse das Unternehmen von alten verkrusteten Personalstrukturen befreien und neue »kreative Spannungen« entstehen lassen, damit der Konzern nach einem Aufschwung nicht wieder in lähmende Stagnation zurückfallen kann.

Obwohl Riccardo den Chrysler-Konzern erfolgreich gestutzt

hatte, war er sich bewußt, daß Produktentwicklung und Fertigungskapazitäten angekurbelt werden mußten. Zeit war im Verzuge. Cafiero war es nicht gelungen, die benötigten Reformen durchzusetzen. Ihn traf zunächst alle Schuld. Aber Riccardo wußte auch, daß die Säuberungsaktion nicht an seinem Stuhl vorbeigehen würde. Außerdem wurde er herzkrank, wodurch persönliche medizinische Gesichtspunkte berücksichtigt werden mußten. Allerdings wußten das nur wenige.

Wo hätte Riccardo 1978 Hilfe hernehmen sollen, wenn Iacocca nicht von Ford den hübschen blauen Brief erhalten hätte? Der ehemalige GM-Abteilungsdirektor John Z. DeLorean stand zur Verfügung. Er war noch nicht in Ungnade gefallen. Ein Personalvermittlungsbüro wurde diskret von Riccardo angerufen und gebeten, sich um einige GM-Spitzenleute zu kümmern, angeblich um Robert Stempel und Lloyd Reuss. Aber in der unruhigen Zeit von 1978 erhielten die *headhunter* nur eine lauwarme Antwort. (Reuss und Stempel sind jetzt Leiter der zwei größten Autoabteilungen bei General Motors und auf dem Wege, den GM-Präsidentenposten 1987 zu übernehmen.)

Wenn Iacocca nicht verfügbar gewesen wäre, hätte sich Riccardo wahrscheinlich um einen Mann aus den Chrysler-Reihen für den Präsidentenjob bemüht. Es hätte niemanden mit dem Charisma gegeben, 1,2 Milliarden Dollar an staatlichen Bürgschaften aus Washington holen zu können oder die Amerikaner zu überzeugen, daß die neuen K-Autos oder E-Autos zu den Inflationspreisen der frühen achtziger Jahre ihren Preis wert waren. Doch diesmal war das Glück auf Seiten von Chrysler. Eine Entscheidung konnte gefällt werden, die für jedermann Vorteile brachte.

8. Der Blick nach draußen

1975 war das erste Jahr, nach dem der US-Präsident durch die Watergate-Enthüllungen zum Rücktritt gezwungen wurde. Die Autoindustrie erholte sich langsam vom Ölembargo. Plötzlich begann der allmächtige Vorsitzende des zweitgrößten Autokonzerns, die persönlichen Angelegenheiten des Firmenpräsidenten und dessen voraussichtlichen Erben, Lee Iacocca, zu untersuchen.

Bei dieser Aktion wurde ein ehemaliger Oberster Richter des Staates Michigan als »Sonderankläger« à la Watergate eingesetzt. Die Untersuchung kostete Ford 2 Millionen Dollar. Bis dahin war Iacocca ein erztreuer Gefolgsmann von Ford. Doch er hätte schon 1975 kündigen sollen, meinte er später. Fords Reise- und Verkaufsförderungsabteilung sprach ihn von jedem Verdacht der Korruption frei. Heute meint Iacocca, Henry Ford II hätte seine Kündigung gern entgegengenommen, schuldig oder nicht. Der Vorsitzende hatte Iacocca auf die Abschußliste gesetzt, die er dann 1978 erneut hervorholte.

Warum hat sich Iacocca nicht schon damals zurückgezogen? Zunächst war er fast mit dem Unternehmen verheiratet. Er konnte sich nicht einfach von einer Firma scheiden lassen, die ihm jährlich ein Gehalt von fast einer Million zahlte. Und obwohl er es heute nicht zugeben wird, hatte er damals gehofft, daß ihm genug Aufsichtsratsmitglieder zur Seite stehen würden und vielleicht einen Wechsel im Vorstandsvorsitz erzwungen hätten.

Es wurde eine Lehre in Unternehmensführung: Geld und Macht sind nicht zu unterschätzen, selbst wenn viele Aufsichtsratsmitglieder die Arbeit und Persönlichkeit des Spitzenmanagers zu schätzen wissen. Gewöhnlich kann Iacocca Menschen gut beurteilen. Wer sich ungeschickt verhält, wird von ihm schnell angefeindet. Aber in diesem Fall hatte er sich über die Machtstruktur der Ford-Motorenwerke geirrt. 1969 stellte Bunkie Knudsen seinen Job als Präsident bei Ford nach einem Jahr zur Verfügung. Iacocca ging davon aus, daß dieser Rücktritt aufgrund mangelnder Unterstützung durch den Aufsichtsrat erzwungen wurde. Aber der wirkliche Drahtzieher war Henry II – Aufsichtsrat hin, Aufsichtsrat her.

Es wäre eine Todsünde, so meint Iacocca, wenn sich Führungskräfte aus Habgier an ihrem Posten festhalten, obwohl sich die Zeit gegen sie wendet und sie abtreten sollten. Er sagt nicht, daß viele deswegen bleiben, weil sie nirgendwohin gehen können. Und so stand es 1976 auch um Iacocca. Im gleichen Jahr übernahm Riccardo den Vorsitz von Townsend. Townsend hatte auf diesem Wechsel bestanden. Er hätte auf keinen Fall Iacocca von Ford geholt. Iacocca hatte ein zu unabhängiges Wesen, um mit Townsend zurechtzukommen, der nur nach seinem Ebenbild aus den eigenen Reihen suchte.

Henry Ford II hatte die Jagdhunde auf Iacoccas Spur gehetzt. 1976 ließ der monarchische Vorsitzende nicht nur Harold Sperlich hinaussetzen, den Iacocca gern als zukünftigen Leiter des Nordamerika-Geschäftes gesehen hätte. Ford entließ auch Iacoccas engen Freund William Winn, der erfolgreiche Händlerkonventionen organisiert hatte und Spezialproduktionen leitete. Dieser Doppelschlag ging Iacocca an die Nieren, war aber bei weitem nicht so verheerend, wie Henry Fords nächster Schock im Jahre 1977.

McKinsey & Company, bekannte Unternehmensberater, wurden von Henry Ford II beauftragt, das Spitzenmanagement bei Ford zu reorganisieren. McKinseys Vorschläge wurden im April 1977 in die Tat umgesetzt: die Errichtung eines dreiköpfigen Geschäftsleitungskollegiums anstelle des traditionellen Führungssystems mit Vorsitzendem und Präsidenten.

Es mißfiel Iacocca, daß Philip Caldwell zum stellvertretenden Vorsitzenden und zweiten Mann in der Geschäftsführung von Ford ernannt wurde. Caldwell, ein schwerfälliger Konzernmanager, der einst unter Iacocca gearbeitet hatte, wurde von ihm eine »öffentliche Erniedrigung« genannt. Aber Iacocca wollte nicht kündigen: »Ich werde doch nicht auf Händen und Füßen hinauskriechen.«

Im Juni 1978 kam William Clay Ford, Henrys jüngerer Bruder, in das Drei-Mann-Kollegium. Caldwell wurde erneut befördert, so daß sich Iacocca seinen Teil denken konnte. Henry II war nach Iacoccas Meinung so abweisend geworden, daß er selbst seinem langzeitigen Präsidenten keine vernünftige Erklärung für den Wechsel an der Spitze gab.

Zu Fords Verteidigung muß gesagt werden, daß er seinem Biographen ausreichende Gründe für die Jagd auf Iacocca genannt hat, von dem er die Kündigung erwartete. Die Biographie wird aber erst nach Fords Tode veröffentlicht. Bis dahin wird die Welt nur Iacoccas Version über die Ereignisse im Sommer 1978 kennen.

Die Aufsichtsratsmitglieder wurden am 12. Juni unterrichtet, daß der Vorsitzende seinen in Ungnade gefallenen Präsidenten entlassen wolle. Iacoccas Freunde im Aufsichtsrat wiedersetzten sich dem mächtigen Vorsitzenden. Einige trafen sich privat mit Iacocca, um die Spannungen zu schlichten. Der Gnadenstoß kam in der Nacht des 12. Juli, als Henry II das Zögern des Aufsichtsrates überstimmte und erklärte: »Entweder er oder ich.« Er verbreitete, daß Iacocca am nächsten Tag offiziell aufgefordert würde, »seine Kündigung einzureichen«.

In der gleichen Nacht rief der Herausgeber von *Automotive News* Iacocca an, um die Gerüchte bestätigt zu bekommen.

Iacocca hegt den Verdacht, Henry II hätte seinen Sohn Edsel mit der Unterrichtung des Journalisten beauftragt, so daß »ich die Nachricht von meinem Rausschmiß über Dritte erfahren mußte. Henry war ein Professioneller am Schalthebel.«

Am nächsten Nachmittag wurden die Hinrichtungsformalitäten durch Henry Ford und William Clay Ford in fünfundvierzig Minuten erledigt. Iacocca besteht darauf, daß nur »persönliche« Gründe für die Kündigung angegeben wurden. Angeblich hatte Henry zu Iacocca gesagt: ›»Manchmal kann man einfach jemanden nicht leiden.« Die Kündigung sollte mit Wirkung vom 15. Oktober 1978, Iacoccas vierundfünfzigstem Geburtstag, in Kraft treten. Iacocca hatte zweiunddreißig Jahre bei Ford gearbeitet. Während dieser Zeit war Henry II Vorsitzender und Geschäftsführer. Jetzt mußte Iacocca aus dem »Glashaus« des Ford-Präsidenten an der Michigan Avenue in Dearborn bei Detroit ausziehen.

Und so war's dann auch; allerdings hatte Iacocca das letzte Wort. Nach seiner Aussage konnte er Henry noch folgendes an den Kopf werfen: »Es ist ein verdammt schlechter Zeitpunkt. Zwei Jahre hintereinander haben wir jetzt 1,8 Milliarden gemacht. Das sind dreieinhalb Milliarden in zwei Jahren. Aber gib gut acht, Henry. Die 1,8 Milliarden wirst Du vielleicht nie wiedersehen. Und weißt Du warum? Weil Du nicht weißt, verdammt noch mal, wie wir die 1,8 überhaupt gemacht haben!«

Iacocca behauptet, Henry Ford »hätte nie verstanden«, wie das Unternehmen Autos und Lastwagen verkaufte und Gewinne und

Profite einnahm. Diese Behauptung ist unglaubwürdig und unterstellt, daß Ford ein gekrönter Dummkopf und Iacocca ein Genie war, der Ford als Premierminister und Finanzminister zugleich diente. Auf jeden Fall war die Sache für Iacocca ausgestanden. Es befriedigte ihn, daß man in der gleichen Woche seines Rausschmisses Pressemappen über den neuen 1979er Mustang verschickt hatte, den Erfolgswagen, den er vor fünfzehn Jahren bei Ford eingeführt hatte. Die Pressemappen enthielten Iacoccas Bild an prominenter Stelle.

Iacocca versucht auf etwas naive Art, die Umstände seiner Entlassung zu erklären. Er fragt sich, warum sich die Aufsichtsratsmitglieder auf seiner Seite nicht gegen Ford durchsetzten oder selbst zurücktraten. »Bis heute«, reflektiert er, »kann ich mir nicht erklären, wie die Aufsichtsratsmitglieder ihre Entscheidung begründen wollen.« Daduch zeigt er indirekt mit dem Finger auf die Machtlosigkeit des Aufsichtsrates in der Unternehmensstruktur. Der Vorsitzende schlägt fast immer die Mitglieder vor, deren Wahl dann nur eine Formalität ist, selbst wenn es dem Unternehmen schlecht gehen sollte. Bei Giganten wie GM oder Ford erhalten die Aufsichtsratsmitglieder bis zu 15 000 Dollar im Jahr für die Teilnahme an bis zu zwölf Sitzungen. Ein Aufsichtsratsmitglied, das mit der Unternehmensleitung »nicht kompatibel« ist, gibt es so gut wie nie, trotz der deutlichen treuhänderischen Pflicht, die Interessen aller Aktionäre und nicht nur die der Unternehmensleitung oder der Großaktionäre zu vertreten.

Bei Chrysler stieg 1978 der Absatz auf das Rekordvolumen von 11,1 Millionen Personenwagen. Aber die Situation blieb festgefahren. Im dritten Vierteljahr waren die Verluste auf den bisherigen Höchstbetrag von 158,8 Millionen Dollar gestiegen. Riccardo befürchtete eine Finanzkatastrophe, wenn das 1979er Modell einen Reinfall bringen sollte. Er kannte Iacocca nur oberflächlich, aber dessen Verfügbarkeit stellte sich jetzt als Segen heraus.

In den Medien war Iacoccas Entlassung groß herausgekommen. Die Gerüchteküche kochte. Angeblich hatte man ihm wegen Pflichtverletzungen gekündigt. Doch Unternehmen auf der Suche nach einem erfahrenen Marketing- oder Produktionsleiter ignorierten die Gerüchte und bestürmten Iacocca mit Angeboten. Obwohl er sich einige Jobs bei branchenfremden Konzernen anschaute, wollte er als »Automann« in der Automobilindustrie bleiben. Einige größere Zulieferfirmen hatten ihn ebenfalls angesprochen. Doch Iacocca fühlte zu viel Benzin in seinen Adern, um sich ernsthaft für die relativ sichere Branche der Produktion von Autoteilen zu interessieren. Renault verhandelte gerade über den Kauf einer kontrollierenden Beteiligung an American Motors und machte Iacocca ein sehr verlockendes Angebot. Doch Iacocca befürchtete eine zu große Abhängigkeit von den Interessen des französischen Autowerks in Paris und der französischen Regierung, dem Eigentümer der Renault-Werke. »Ich mußte weiterhin mitten im Autogeschäft stehen«, meinte er später. »Verflixt, man sagt doch zu keinem Klavierspieler: ›Du bist zu gut, versuch's doch 'mal mit dem Saxophon!‹«

Es ging nicht ums Geld. Er hätte sich auf einem schönen Polster ausruhen können. Bei Ford hatte er von 1972 bis 1977 insgesamt 4,2 Millionen Dollar verdient. Seine Abfindung bestand aus 400 000 Dollar in bar, monatlich 22 500 Dollar für ein Jahr ab 15. Oktober 1978, Pensionsansprüche von 178 500 Dollar im Jahr bis zum Alter von 65 Jahren und jährlich 175 000 danach. Zu seinem Besitz gehörten eine große Wohnung in Boca Raton, Florida, und das 15-Zimmer-Haus im eleganten Bloomfield Hills im Norden Detroits, wo fast alle Spitzenmanager der Automobilindustrie wohnen. Er hätte Unternehmensberater werden können, ein Betriebsstürmer oder – wie Townsend, Colbert oder Bunkie Knudsen – eine vergessene Größe der Automobilvergangenheit.

Aber Iacocca war noch nicht fünfundfünfzig. Er liebte den

Glanz der neuen Autos im Scheinwerferlicht und spiegelte sich gern darin. Aber ganz besonders wollte er es Henry Ford II zeigen, ihm beweisen, daß der von ihm hinausgesetzte Mann ein Comeback haben würde und Henry einen Denkzettel erteilen kann.

Dies hört sich alles nach Rache an, und so war es auch gemeint. Iacocca brauchte Chrysler als Werkzeug für seine Rachepläne. Wohin hätte sich der »Automann« sonst wenden sollen? Das Timing war hervorragend für Chrysler und Iacocca; denn wenn es dem Konzern in Highland Park besser gegangen wäre, hätte man Iacocca nicht gebraucht.

Und das einzige Angebot, das Iacocca wirklich haben wollte, kam dann auch. Henry Ford II hätte auf seinen Aufsichtsrat gehört, wenn er gewußt hätte, wie weit es jetzt Iacocca bringen würde.

9. Aus der Krise in den Kreuzzug

In Sommer und Frühherbst 1978 brauchte Lee Iacocca zwei Monate um zu entscheiden, daß es einen Chrysler in seiner Zukunft geben würde. Seit Walter Chrysler selbst 1924 (Iacoccas Geburtsjahr) aus dem Ruhestand zurückkam, um den Vorgänger des Chrysler-Konzerns umzustrukturieren, hat sich kein so großer Automanager entschlossen, ein sinkendes Automobilwerk zu übernehmen.

Heute meint Iacocca allerdings, daß er John Riccardos inständige Bitten nicht erhört hätte, wenn er gewußt hätte, was alles auf ihn zukam. Er wäre wahrscheinlich gar nicht zu Chrysler gegangen, wenn ihn nicht seine kränkliche Frau dazu überredet hätte. Sie war im höchsten Grade über die Art entsetzt, mit der Henry Ford ihren Mann hinausgesetzt hatte. Sie schlug sogar vor, Lee solle ein Buch darüber schreiben!

Die Rolle des Aufsichtsrates beim Wechsel im Topmanagement wurde 1978 erneut bei Chrysler unterstrichen. So wie George Love Anfang der sechziger Jahre den Vorsitz von Tex Colbert übernahm, wurde Riccardo beim Arrangieren einer Begegnung mit Iacocca von J. Richardson Dilworth und Rechtsanwalt Louis Warren unterstützt. Dilworth vertrat die Interessen der Rockefellers im Aufsichtsrat, während Warren an Wall Street arbeitete.

Es steht nicht fest, ob Richardson, Warren oder andere Aufsichtsratsmitglieder Riccardo anspornten oder umgekehrt. Später sagte Riccardo: »Ich habe Lee für das Unternehmen ausgesucht. Es war mein Vorschlag ihn einzustellen.« Alle Beteiligten waren sich einig, daß man unbedingt Iacocca einkaufen mußte. Riccardo erhielt das grüne Licht vom Aufsichtsrat. Die Sache wurde um so dringender, weil verschiedene Vizepräsidenten bei GM, die Riccardo in seiner Not angerufen hatte und die er besser als Iacocca kannte, nicht einmal zurückrufen wollten.

Weder Riccardo noch andere Spitzenkräfte bei Chrysler haben je daran gedacht, was passiert wäre, wenn Iacocca abgelehnt hätte. Da die Verhandlungen zwischen Iacocca und Riccardo streng geheim waren, hätte es die Öffentlichkeit wahrscheinlich nie erfahren, wenn Chrysler ein »undankbares Dankeschön« vom hinausgeworfenen Ford-Präsidenten erhalten hätte.

Iacocca wartete nicht erst auf den Anruf von Riccardo und entwarf ein grandioses internationales Automobilkonglomerat, in dem er und sein alter Freund Hal Sperlich die Hauptrolle spielen sollten. Es war mehr als der Traum eines ehrgeizigen Unternehmensführers. Das Projekt wurde zum ersten Mal in den späten siebziger Jahren von Iacocca und anderen ideenreichen Spitzenmanagern entworfen (einschließlich dem ehemaligen Vorsitzenden von American Motors, Gerald Meyers, und John DeLorean). Es war der einzige Weg für kleinere US-Autowerke, eine Überlebenschance gegen die Giganten wie GM, Ford, die Deutschen, die »Japan GmbH« oder auch Renault-Peugeot aus Frankreich zu erhalten.

Iacocca nannte das neue Konglomerat *Global Motors.* Es sollte die folgenden Konzerne schützen: Chrysler, American Motors, Volkswagen und Fiat. Chrysler würde dem Bündnis seine Beziehungen zu Mitsubishi aus Japan und zu Peugeot aus Frankreich beisteuern. Es schien sich um eine natürliche Allianz zum Schutz gegen die allmächtigen Autokonzerne in den Vereinigten Staaten und Japan zu handeln. Die »Japan GmbH« konnte mit vollständiger Immunität gegenüber den amerikanischen Kartellgesetzen operieren.

Allerdings waren es die Kartellgesetze, die Global Motors daran hinderten, den Traum vom Konsortium zu verwirklichen. Das Justizministerium und die Handelsaufsichtsbehörde hatten seit den fünfziger Jahren unter demokratischen und republikanischen Regierungen gegen jeden Fusionsversuch der US-Autokonzerne erfolgreich gearbeitet. Man ließ Iacocca wissen, daß eine Verbindung der »kleinen Drei« – Chrysler, AMC und VW of America – kartellrechtliche Konsequenzen haben würde. Die amerikanischen Autowerke durften nicht einmal Daten über das Einhalten bundesstaatlicher Sicherheits- und Emissionsvorschriften austauschen, ohne kartellrechtlich belangt zu werden.

Erst als Ronald Reagan 1980 zum Präsidenten gewählt wurde, konnten die kartellrechtlichen Zügel gelockert werden. Jetzt durfte selbst der stärkste Automobilkonzern fusionieren: GM kaufte Electronic Data Systems für 2,5 Milliarden und vereinte seine Kräfte mit Toyota, dem größten japanischen Autoproduzenten, um den Chevrolet Nova in den Vereinigten Staaten zu bauen. Kartellrechtler haben behauptet, daß eine derartige Aktion gemäß der strengen Gesetzesinterpretation unter den Präsidenten Carter, Ford, Nixon und Johnson verboten gewesen wäre.

Als Iacocca die Wende bei Chrysler erreicht hatte, wollte er den Plan für Global Motors durch eine Fusionierung mit Ford wiedererwecken. Er hatte auch VW in Deutschland angesprochen. Doch beide Konzerne wiesen ihn zurück. Seitdem hat Iacocca den Plan fallenlassen; allerdings wird er sicher in der nächsten Automobilrezession wiederbelebt werden. Es bleibt jedoch abzuwarten, ob Iacocca selbst oder ein Iacocca-artiger Enthusiast die Idee von Global Motors einst in die Tat umsetzen wird.

Im Oktober 1978 trafen sich Iacocca und Riccardo gelegentlich in Detroit. Die Anlagebank Solomon Brothers aus New York hatte einige Fragen für Iacocca ausgearbeitet, die er Riccardo stellen wollte. Es ging hauptsächlich um die Frage, woher Chrysler die Milliarden für den K-Karosserie-Wagen nehmen wollte, der Aspen und Volare ablösen sollte.

Diese Befragung war typisch für Iacoccas Führungsstil, den er von Ford zu Chrysler mitbrachte: Der »Zeuge« wurde vom Ankläger ausgequetscht und mußte geschickt und aus der Defensive antworten.

Riccardo kannte diese Methode nicht. Doch er hatte keine Wahl, wenn er Iacocca für seinen Konzern gewinnen wollte. Nach einem ungewohnten Anfall von Optimismus erzählte Riccardo seinem aufmerksamen Zuhörer, daß Chrysler mit den neuen großen R-Karosserie-Wagen schnell zur Rentabilität zurückkehren würde. Er meinte den Chrysler New Yorker und Dodge St. Regis, die gerade auf den Markt kamen. Riccardo hoffte, daß der Superverkäufer Iacocca den Absatz der *R-cars* ankurbeln könnte, sobald er förmlich das Präsidentenamt übernommen hatte.

Iacooca wollte wissen, wieviel Barvermögen die bereits verspäteten R-Wagen für die Finanzierung der vorrangigen K-Kleinwagen in zwei Jahren einbringen würden. Aber Iacocca reizte jedes neue Produkt, das er begeistert verschachern konnte. Er ließ sich von derartigen Zweifeln nicht vom Plan abbringen, seinen Ruf in der Automobilindustrie wiederherzustellen. Er akzeptierte Riccardos Angebot. Cafiero sollte stellvertretender Vorsitzender werden, und Chrysler müßte die von Ford gezahlte Abfindung übernehnen, die Iacocca nun verlieren würde.

Iacocca wurde Präsident und Geschäftsführer bei Chrysler mit einem Jahresgehalt von 360 000 Dollar. Das gleiche war ihm von Ford gezahlt worden. Aus »Anpassungsgründen« mußte das Gehalt des Vorsitzenden Riccardo um 20 000 Dollar auf 340 000 angehoben werden. Außerdem mußte Chrysler 1,5 Millionen Dollar in monatlichen Raten vom 2. Januar 1979 bis zum 30. Juni 1980 an Iacocca zahlen, um eine von Ford geleistete Trennungsentschädigung zu übernehmen. Ferner erhielt Iacocca 400 000 Optionen an Chrysler-Aktien und konnte seine Pension von Ford und Ford-Aktien im Werte von 3 Millionen Dollar behalten.

Riccardo verpflichtete sich schriftlich, daß Iacocca durch den Chrysler-Aufsichtsrat innerhalb eines Jahres zum Generaldirektor ernannt werden würde. Riccardo hatte versucht, diesen Schritt um zwei Jahre zu verzögern, aber Iacocca war dagegen. Er wollte unbedingt, daß Riccardo weiterhin Vorsitzender bleiben würde, wobei Cafiero, der nichts von den Verhandlungen mit Iacocca wußte, stellvertretender Vorsitzender sein sollte.

Am letzten Freitag im Oktober wurde Cafiero von Riccardo und einigen Spitzenmanagern über den Wechsel unterrichtet. Der damalige Präsident wußte nicht, welche Aufgaben er als stellvertretender Vorsitzender haben würde. Es gab auch keine Beschreibung seiner Funktionen. Und schon im November verließ Cafiero Chrysler, nachdem er umsonst versucht hatte, größere Verantwortung von Iacocca zu erhalten. Aber »das neue Pferd im Stall« wollte nichts davon wissen. Er hatte bereits erkannt, daß Chryslers größte Schwäche im schlechten Management lag.

Der Aufsichtsrat trat am 2. November 1978 zusammen und gab die offizielle Zustimmung zum dramatischen Wechsel an der Spitze. Es folgte eine Pressekonferenz, zu der Iacocca die landesweiten Medien eingeladen hatte. Ein erleichterter Riccardo erzählte den Journalisten, daß mit Iacocca mehr »Feuerkraft« zu Chrysler kommen würde.

Der müde Vorsitzende hatte keine Vorstellung, was auf das stolze Management von Chrysler zukommen würde. Die meisten Spitzenmanager hatten noch nie woanders gearbeitet. Sehr viele gingen naiv davon aus, daß Iacocca sie übernehmen würde und sich um die Unternehmensführung kümmern würde. Schließlich war Bunkie Knudsen so mit den Ford-Angestellten verfahren, als er 1968 nach einer langen Gastrolle bei GM zum Präsidenten von Ford aufstieg.

Es war tatsächlich geschehen: Lee Iacocca wurde zum ersten Mal Kapitän seines eigenen Schiffes. Es gab zwar ein großes Leck, und die Moral der Offiziere und Mannschaft war so schlecht wie die Ladung. Aber es war Iacoccas Schiff, das er nun versenken oder retten konnte. Er durfte keine Zeit verschwenden. Er brauchte Hilfe. Und er wußte, daß er wie ein Wahnsinniger handeln mußte.

Was konnte Iacocca zur Rettung von Chrysler beitragen? Seine Intuition im Marketing, die es bei Chrysler in den siebziger Jahren nicht gab, verband sich mit dem Talent, Autos zu Mindestkosten zu entwickeln, um sie dann als Derivate von der Hauptbasis aus zu bauen. J. Paul Bergmoser, ein pensionierter Einkaufsdirektor bei Ford, der von Iacocca zu Chrysler gebracht wurde, meinte dazu: »In der gesamten Autobranche hatte Lee das beste Einfühlungsvermögen für die Anliegen der Verbraucher und Märkte.«

Iacoccas Talente für Produktion und Marketing wurden bei Chrysler nicht übertroffen. Kein anderer Spitzenmanager konnte sich damals nach innen oder außen mit Iacoccas Sinn für Farbe und Stil messen. Außer Henry Ford II konnte kein anderer in der allgemein trockenen Autoindustrie von Detroit die Aufmerksamkeit so gut auf sich lenken. Die Persönlichkeit von Lee Iacocca war und ist eine unwiderstehliche Kraft, die den Chrysler-Konzern vorantreibt. Wie ein Filmstar oder Fußballidol dominiert er die Sitzungen, selbst wenn er nur als Zuhörer gekommen war. Er kleidet sich konservativ, aber seine Interessen sind vielschichtiger als die der meisten Industrieführer. Er kennt die Tagespolitik, die kleinen und großen Medienereignisse, um die sich andere leitende Angestellte mit kurzsichtigem Blick auf ihr Tagesgeschäft nicht kümmern.

1978-79 fragte man sich an Wall Street und bei Ford, ob Iacocca vielleicht überbewertet wurde. Konnte er wirklich ein erfolgreicher Unternehmensführer sein und Chrysler herumreißen? Oder war er eher ein Genie wie General Patton, der eingeschüchterte Truppen auf bestimmte Ziele losjagen konnte, aber nicht fähig war, sich als Oberbefehlshaber wie Eisenhower oder Marshall durchzusetzen?

Es gab viele Skeptiker, die Iacoccas Führungsqualitäten für eine verfahrene Situation wie bei Chrysler anzweifelten. Allgemein wurde er wegen seiner Fähigkeiten in der Produktentwicklung und -vermarktung gelobt – immer noch die Lorbeeren für den bereits fünfzehn Jahre alten Mustang. Aber in der Finanzkontrolle traute man ihm wenig zu. Könnte er ein Mittel gegen die Dauerkrise bei Chrysler finden?

Konkurrenten und ehemalige Führungskräfte bei Ford, die unter Iacocca litten oder vom harten Boß einfach im Markt ausgebootet wurden, bezweifelten Iacoccas Fähigkeiten zum »reibungslosen« Präsidenten, ohne an seiner Qualität als leitender Geschäftsführer zu zweifeln. Diese Zyniker behaupteten, daß Iacocca nicht mit Aufsichtsratsmitgliedern und Bankern umgehen konnte, die überzeugt waren, daß Chrysler einen George Love oder Lynn Townsend brauchte, um Iacoccas Geschäfte zu kontrollieren.

Riccardo hatte jedenfalls kein Interesse, sich woanders umzusehen. Er wollte sich zurückziehen und vertraute auf Iacoccas Fähigkeiten, den Konzern und die Verantwortung zu übernehmen. Er hatte sich Iacocca gegenüber verpflichtet. Es gab keine andere Möglichkeit, Chrysler vor dem Ruin zu retten.

10. Das Abwerben der Ford-Leute

Am 18. September 1979 gab John Riccardo seinen Rücktritt als Vorsitzender von Chrysler bekannt. »Obwohl ich mich aktiv um die großen Probleme bei Chrysler bemüht habe«, sagte er in einem Abschiedsbrief, »werden viele meinen Namen mit den Schwierigkeiten bei Chrysler in Verbindung bringen.«

Die Wendung »Schwierigkeiten bei Chrysler« drückt den Stand der Dinge sehr milde aus. Als Lee Iacocca zehn Monate zuvor die Geschäfte als Chrysler-Präsident übernahm, erlebte er den Alptraum seines Lebens, der die schlimmsten Befürchtungen übertraf. So etwas Böses hatte er selbst in der größten Rezession bei Ford nicht erlebt. Die Art, wie er die Knoten im Management löste und das drohende Gespenst des finanziellen Zusammenbruchs verscheuchte, offenbart seinen Führungsstil in einer Position, um die er sich bei Ford vergebens bemüht hatte.

Bei GM und Ford wurden die Abteilungsbudgets ständig den Anforderungen von Einnahmen und Ausgaben angepaßt. Es gab vierteljährliche und ganzjährige Geschäftsziele. Derartige Methoden waren bei Chrysler 1978 völlig unbekannt. Zwar herrschte nicht das totale Chaos, aber Iacocca wurde an einen kleinen Zwischenhändler erinnert, der seine Geschäfte mit den Mitteln führt, die gerade eingenommen wurden, um Rechnungen zu bezahlen oder sie möglichst auf die lange Bank zu schieben. Mit einem derart primitiven Finanzsystem wäre es für Iacocca Wahnsinn gewesen, von der Regierung staatliche Kreditbürgschaften für mehr als eine Milliarde Dollar zu erwarten. Kein derart desorganisiertes Unternehmen hätte diese Bürgschaften erhalten, auch wenn es noch so groß gewesen wäre.

Iacocca nahm sofort die vielen Königreiche und Herzogtümer unter die Lupe, die von mächtigen Vizepräsidenten und Abteilungsdirektoren beherrscht wurden. Der Vizepräsident fürs Marketing, R. K. Brown, gehörte wie seine Vorgänger zum Chrysler-Aufsichtsrat. Aber er war auch Produktionschef, obwohl er seine ganze Karriere der Arbeit mit den Vertragshändlern gewidmet hatte.

Iacocca hielt Verkauf und Produktion für zwei grundverschiedene Bereiche, die nicht von der gleichen Person geführt werden sollten. Ein Jahrzehnt zuvor hatte sich Chrysler fast ruiniert, weil man den Händlern einen »Verkaufsvorrat« aufgezwungen hatte. Damals wurden die Autos ohne Rücksicht auf die Händler und deren Auftragslage produziert. Jetzt gab es erneut diese unglückliche Verbindung von Verkauf und Produktion unter der gleichen Regie.

Vizepräsident Richard Vining war für die Produktplanung zuständig. Aber ohne jeglichen Grund leitete er auch die Einkaufsabteilung, die sich wiederum stark an den Bedürfnissen der Fertigung orientierte. Iacocca wollte diese Aufsplitterung überwinden und legte Produktion und Einkauf zusammen.

Riccardo leitete als Vorsitzender eine Reihe von Abteilungen, die in den meisten Konzernen vom Präsidenten geführt werden: Finanzen, Personal, Recht, Öffentlichkeitsarbeit, Chrysler Leasing und Chrysler Realty. Wahrscheinlich wegen seiner Ausbildung zum Wirtschaftsprüfer behielt Riccardo die Leitung über Finanzen, Geschäftsprüfung und Revision. Iacocca meinte, daß so viele Aufgaben jeden Vorsitzenden überfordern würden, besonders den Vorsitzenden des geplagten Chrysler-Konzerns.

1979 wurde Riccardos Pensionierung durch eine Herzkrankheit beschleunigt. Im Frühjahr mußte er ins Krankenhaus. Die Ärzte stellten ihn vor die Wahl, entweder die Arbeit sofort aufzugeben oder einen Herzinfarkt zu riskieren. Iacocca wurde somit eher als erwartet auf den obersten Stuhl gehievt. Der neue Boß stellte bald fest, daß das Haus mehr als ein paar Reparaturen brauchte. Es mußte von Grund auf renoviert werden.

Iacocca reorganisierte Chryslers Ausschüsse, die bei seiner Amtsübernahme aus nur zwei stolzen Gremien bestanden. Es gab Riccardos Geschäftsführungsausschuß, zu dem außer Iacocca der stellvertretende Vorsitzende Cafiero, der Controller und der Leiter der Finanzabteilung gehörten. Außerdem waren die Abteilungsleiter für Öffentlichkeitsarbeit, Produktplanung, nichtautomobile und internationale Angelegenheiten und für Verkauf/Fertigung im Geschäftsführungsausschuß vertreten.

Der zweite Ausschuß hieß Direktionsrat und bestand aus einunddreißig leitenden Angestellten, die sich nur alle zwei Monate trafen. Bei Ford war Iacocca einen anderen Arbeitsstil gewohnt. Dort trafen sich kleinere Gruppen zu regelmäßigem und angeregtem Meinungsaustausch. Chryslers System taugte schon deswegen nichts, weil es die Tradition des »randlosen Rades« fortsetzte: Der Vorsitzende saß im Zentrum, und die Speichen waren nicht miteinander verbunden.

Kurz nach seiner Ankunft sagte Iacocca: »Dieses Unternehmen wurde in 25 Jahren heruntergewirtschaftet, bis aufs Mark kaputtgemacht.« Das baufällige Haus, das K.T. Keller und Tex Colbert vernachlässigten, sollte jetzt von Iacocca abgerissen und wieder aufgebaut werden. Die verknöcherten Strukturen wurden von Iacocca renoviert, und die selbstgefälligen Bosse lernten seine starke Hand fürchten.

Kaum war Iacocca 1978 drei Wochen im Präsidentensessel, als er auch schon sein Gütezeichen der Chrysler-Leiche einbrannte. Die Produktion und die wichtige Abteilung für Produktqualität wurden dem händlerorientierten Brown weggenommen und dem Vizepräsidenten für Produktplanung Vining übertragen. Der letztere war bereits Einkaufsleiter. Jetzt machte Iacocca ihn zum stellvertretenden Geschäftsleiter für Fertigung und Einkauf. An Vinings Stelle als Abteilungsleiter für Produktplanung, Design und Produktentwicklung trat Hal Sperlich, Iacoccas alter Freund aus der Zeit bei Ford. Sperlich war der einzige Insider bei Chrysler, dem der neue Präsident vertrauen konnte.

Im Nachhinein fragt man sich, ob Iacocca Vining tatsächlich behalten wollte, da der enge Vertraute Sperlich so dicht aufgerückt war. Eine Reihe von Vizepräsidenten wie Frank Anderson und Sidney Jeffe aus Fertigung und Produktplanung sahen das Damoklesschwert über ihren Köpfen. Aber sie blieben so lange, bis Iacocca das von ihm gewollte Team aufgestellt hatte. Bis zur Ankunft seiner Leute mußte Iacocca zunächst mit dem Chrysler-Team zurechtkommen, das es noch gab.

Iacocca ist ein Meister in der Kunst, den richtigen Mann für die richtige Aufgabe zu finden. Er mußte mehr tun als nur die Kompetenzen umzuverteilen. Er beabsichtigte, jede Abteilung bei Chrysler mit erfahrenen und tüchtigen Technikern zu besetzen, die ihm unmittelbar unterstellt sein würden. Die Fertigung wurde von Verkauf und Produktentwicklung getrennt, so daß jede Abteilung separat geprüft und überholt werden konnte. Das frühere System kannte diese Prüfungen nicht. Iacoccas Vorgänger waren alle beim Versuch gescheitert, die Strukturen durchlässiger zu machen. Doch Iacocca konnte sich jetzt massiv durchsetzen.

Allerdings blieb die Umverteilung der übernommenen Führungskräfte erfolglos. Für Chrysler-Veteranen wie Brown, Anderson, Vining und Jeffe war es fast unmöglich, sich dem

Format und Arbeitsstil eines Iacocca anzupassen. Iacocca verlangte Ergebnisse. Er konnte nicht einfach das bestehende Personal übernehmen. Allerdings sagten einige der Entlassenen, daß nicht nur ihr Arbeitsstil, sondern auch Iacoccas Launenhaftigkeit das Betriebsklima trübten.

Verzweifelt wandte sich Iacocca an drei pensionierte Ford-Manager und überredete sie, für Chrysler zu arbeiten. Es waren Gar Laux, der bei Ford Verkauf und Marketing leitete, Paul Bergmoser, Fords ehemaliger Einkaufsleiter, und Hans Matthias, der Vizepräsident in der Produktion.

Matthias und Bergmoser waren als harte Burschen bei Ford und in Detroit bekannt. Iacocca schätzte diesen Ruf sehr, da er selbst mit dem Personal gnadenlos umspringen konnte. Er bewunderte Matthias, der die Produktqualität bei Ford im Alleingang verbessert hatte. Als erster des Ford-Trios sollte Matthias nun das gleiche Wunder bei Chrysler vollbringen. Nach seiner Pensionierung im Jahre 1972 hatte Matthias in Detroit eine Industrieberatungsfirma gegründet und Vining als externer Berater gearbeitet.

Bergmoser gehörte dreißig Jahre zur Einkaufsabteilung bei Ford. Vor seiner »frühzeitigen Pensionierung« 1976 im Alter von sechzig Jahren war er bis zum Vizepräsidenten aufgestiegen. Iacocca bat ihn, Chryslers Einkaufsabteilung zu untersuchen und einen Bericht zu schreiben. Man hatte dem in Kalifornien lebenden Bergmoser gesagt, daß diese Arbeit in wenigen Monaten erledigt werden könnte.

Der dritte Mann in Iacoccas Beraterteam war Laux, der die schwierigste Aufgabe erhielt. Laux arbeitete unter Iacocca als Verkaufsleiter bei Ford, als der Mustang eingeführt wurde. Anschließend wurde Laux Geschäftsführer für den Lincoln-Mercury. Laux war besonders als »Händlermann« bekannt. Er hatte Ford 1968 im Alter von einundfünfzig Jahren verlassen, als Knudsen Präsident bei Ford wurde. Er wurde Vertragshändler für

Cadillac in Charlotte im Bundesstaat North Carolina und spielte leidenschaftlich Golf, besonders mit dem berühmten Golfstar Arnold Palmer.

Zunächst sollte Laux nur als Berater für Iacoccas Verkaufsabteilung arbeiten. Aber wie Bergmoser konnte er diese Rolle nicht mehr behalten, als Iacocca die Änderungsempfehlungen geprüft hatte und nun an die Ausführung der Pläne gehen mußte. Iacocca bat Laux und Bergmoser bei Chrysler mitzuarbeiten, was beide Manager dann ab Frühjahr 1979 auch taten.

Iacocca und die Troika der »emeritierten Professoren« entdeckten das totale Durcheinander bei Chrysler. »Wir werden hier vielleicht nie Ordnung 'reinbringen können«, sagte Matthias. Iacocca kritisierte besonders das aufgeblähte Finanzkontrollsystem, das Townsend und Riccardo aufgebaut hatten: »Es gab Bilanzkontrollen und Revisionskontrollen aber keine Finanzkontrollen, um den geschäftsführenden Leuten die Arbeit zu erleichtern. Sollte es diese Kontrollen irgendwo geben, so habe ich sie jedenfalls nie gefunden!«

Bergmoser, der nach seiner Gastrolle in der Einkaufsabteilung zum Präsidenten von Chrysler aufstieg, sagte zu Iacocca: »Ich habe einen großartigen Bericht aus der Buchhaltung. Man sagt, daß wir eine Milliarde Dollar verloren haben. Was ich nicht habe, ist eine Analyse, wie und warum, verdammt noch mal, wir diese Milliarde verloren haben!«

Während sich Matthias daran machte, Chryslers morsche und mangelhafte Produktion wieder auf Vordermann zu bringen, beauftragte Iacocca Sperlich, zukunftsorientierte Modelle zu entwerfen – koste es was es wolle. Die wichtigen K-Karosserie-Autos sollten unbedingt noch 1980 und nicht später herauskommen. Matthias hatte den Auftrag, jedem auf die Füße zu treten und alles zu unternehmen, um die Produktion bei Chrysler zu renovieren. Zusammen mit der Automobilgewerkschaft baute er ein »Qualitätsprogramm« auf. Diese Art Zusammenarbeit zwischen Arbeitgeber und Gewerkschaft war einmalig in der Automobilbranche.

Matthias ging in die Fabriken und forderte die Werkmeister auf, die Qualität der Chrysler-Autos mit den japanischen Autos zu vergleichen, in denen sie zur Arbeit gekommen waren. Es gab eigentlich keinen Vergleich. Alle wußten es, auch die Werkmeister. Aber keiner hatte sich bisher darum gekümmert. Es wurde ein böses Erwachen.

George F. Butts, ein Chrysler-Veteran aus dem Produktionsbereich, wurde Vizepräsident für Qualitätskontrolle. Er ist immer noch auf diesem Posten und genießt das Privileg, ganze Abteilungen für Qualitätskontrollen einsetzen zu können. Für seine Qualitätsberichte an den Vorstand hat er das Recht, andere Vorgesetzte zu umgehen.

Über Matthias wurde Iacocca auf einen anderen Produktionsexperten aufmerksam, der bereits zum Vizepräsidenten für Motoren und Karosserie aufgestiegen war: der in Berlin geborene Stephen Sharf. Der hartgesottene jüdische »Preuße« Sharf war von der Geschäftsleitung in eine Sackgasse geführt worden, da man seinen Sachverstand nicht zu würdigen wußte. Sharf war leitender Vizepräsident und einer von den drei alten Vizepräsidenten, die von Iacoccas neuem Team übernommen wurden. Die zwei anderen waren Butts und Glenn E. White, die Chefs der Personal- und Organisationsabteilungen.

Aber für Iacocca gab es weitaus wichtigere Probleme als nur die Reorganisation der Firmenstruktur. Der Verkauf der neuen 1979er Wagen war steckengeblieben. Die Autos und Lastwagen stapelten sich erneut bei den Händlern. Man hatte wieder drauflos produziert, ohne die Auftragslage der Händler zu berücksichtigen. Was wird jetzt der neue Chef gegen die Wiederkehr des berüchtigten »Verkaufsvorrates« unternehmen? Iacocca bekämpfte diese Methode und meinte, Chrysler könnte nur zur Rentabilität zurückfinden, wenn der »Verkaufsvorrat« abgebaut wird und keine Autos mehr am Ende des Monats den Händlern aufgezwungen werden. Der erfahrene Kommunikator ging direkt zu den Chrysler-Händlern und erklärte, daß sie zukünftig am »Verkaufsvorrat« selbst Schuld sein werden und somit den Konzern kaputtmachen würden.

Zunächst müßten die Händler mithelfen und die überschüssigen Bestände ausräumen, die im Winter 1978-79 die Chrysler-Rohre verstopften. Die Händler könnten nicht mehr »auf Teufel komm raus alles anfordern«, sagte Iacocca Chryslers »einzigen Kunden«. Wenn das so weiterginge, wäre Chrysler bald am Ende.

Unter Gar Laux' Aufsicht änderten die Chrysler-Händler und Verkäufer allmählich ihre Methoden. Man paßte sich den Gepflogenheiten von Ford und GM an. Dazu Iacocca: »Wir arbeiten jetzt nicht mehr mit dem Gefühl, täglich in Panik ausbrechen zu müssen oder ständig auf einer Achterbahn 'rauf und 'runter zu sausen.«

Iacocca hatte die erste Phase seines Plans ausgeführt. Er hatte Bergmoser, Laux und Matthias zu Chrysler gebracht. Aber noch bestand die bisherige Organisation und die Herausforderung, die übernommenen alten »Versager« hinauszusetzen und durch frisches Blut zu ersetzen.

Die zweite Phase konnte beginnen.

11. Qualität – nichts als Qualität

Weniger als sechs Monate vor seinem Ausscheiden bei Ford hatte Iacocca unbewußt die Bühne für die zweite Phase seines Renovierungsplanes vorbereitet, den er ein Jahr später bei Chrysler ausführen sollte. Von J. Edward Lundy, dem mächtigen Vizepräsidenten für Finanzen, holte er sich eine Liste mit den Namen der wichtigsten Nachwuchskräfte im Finanzwesen bei Ford.

Es gehört zu Iacoccas Managementstil, aufstrebende Führungskräfte ständig zu beobachten. Er verglich sich mit dem Manager einer Baseball-Mannschaft, der ständig die Berichte der Scouts über Neuentdeckungen im Lande liest, um nicht irgendein Talent zu übersehen.

Bei Ford hatte sich Iacocca mit den Karrieren von ungefähr 300 jüngeren und älteren Angestellten beschäftigt. William Clay Ford, Henrys jüngerer Bruder und stellvertretender Vorsitzender, hatte es Iacocca im Herbst 1978 erlaubt, die vertraulichen schwarzen Bücher bei seinem Ausscheiden mitzunehmen. William Clay hatte sicher nie daran gedacht, daß Iacocca diese Bücher bald benutzen würde, um das Personal von Chrysler durch Ford-Leute aufzubessern. In den Büchern standen auch Lundys Beurteilungen der Finanzführungskräfte, unter denen sich Gerald Greenwald besonders hervorgetan hatte. Greenwald war damals dreiundvierzig Jahre alt und Chef bei Ford in Venezuela.

Iacocca hielt viel von Greenwald, der Lundy und andere Vorgesetzte gebeten hatte, ihn aus der Finanzabteilung herauszunehmen und in die Geschäftsführung zu übernehmen. Er hatte in Princeton Wirtschaftswissenschaften studiert, so daß er wie Iacocca zum Club der Ehemaligen von Princeton gehörte. Außerdem sah Greenwald gut aus und hatte ein gesellschaftsfähiges Auftreten – Eigenschaften, die der ungehobelte Iacocca insgeheim bewunderte.

Einige erfahrene Ford-Manager meinten jedoch, Venezuela und ähnliche Aufgaben wären eine Sackgasse. Vielleicht wurde Greenwalds Aufstieg auch durch die Tatsache gehemmt, daß er ein Jude war. Bisher hatte es bei Ford nie einen jüdischen Vizepräsidenten gegeben. Iacocca war dies alles völlig egal. Er wollte die besten und tüchtigsten Leute für Chrysler finden und kümmerte sich nicht um Rasse oder Religion.

Greenwald leitete das Werk in Venezuela seit 1976. Er hatte dort die Gewinne um das Zehnfache gesteigert und den Verkauf um fast 300 Prozent erweitert. Dadurch wuchs Fords Kfz-Marktanteil dort von 28 auf 37 Prozent und wurde der höchste einer Ford-Tochtergesellschaft. Als Iacocca feststellte, daß Greenwald Sachverstand im Produktionsbereich und gute Kenntnisse im Finanzwesen mitbrachte, rief er Caracas an und lud ihn nach Detroit ein. Iacocca brauchte keinen noch so erfahrenen »Erbsenzähler«, wenn er nicht etwas von Marketing und Produktion verstand.

Greenwald wollte Ford nur ungern verlassen. Iacocca brauchte vier Monate, um ihn als neuen Controller bei Chrysler zu verpflichten. Man traf sich in Miami und Las Vegas, wo Greenwald auf einem Job in der Geschäftsführung bestand. Doch Iacocca brauchte ihn zunächst, um Chryslers heruntergekommenes Finanzsystem zu renovieren.

Schließlich konnte Greenwald Iacoccas überzeugenden

Abwerbemethoden nicht länger widerstehen. Selbst Henry Ford II, William Clay Ford und Philip Caldwell versuchten, Greenwald an seinem Übertritt zu hindern. Wahrscheinlich fürchteten sie, daß es zu einer Flut von Überläufern in Detroit kommen könnte. Greenwald sagte Henry Ford II, daß er sich gern an einer Rettungsaktion beteiligen wolle. Ähnliches hatte Henry im Jahre 1940 selbst erlebt.

Auch konnte Greenwald den sofortigen Einstieg in das höhere Management nicht ablehnen, der bei Ford sicher viele Jahre später gekommen wäre. Greenwalds Übertritt wurde ermöglicht, weil es Ford versäumte, dem tüchtigen Manager eine ähnlich hohe Stellung in Übersee oder im Finanzwesen anzubieten. Und somit öffneten sich die Schleusen für einen Strom von Überläufern aus Dearborn zu Chrysler.

Die Arbeit für Iacocca mußte Greenwald besonders gereizt haben, obwohl Chrysler fast nur noch ein Zoo war, den keiner mehr zu brauchen schien. Es ging nicht um Geld, da Chryslers finanzielle Zukunft sehr unsicher und das schwierige Problem der Kreditbürgschaften noch nicht angepackt war. Es ging auch nicht um Macht, denn so erfahrene Pensionäre wie Bergmoser, Laux und Matthias hatten zu ihrer Zeit bereits genug Macht bei Ford ausgeübt. Greenwald war immerhin der Chef von Ford/Venezuela und konnte sich auf Beförderungen in Fords internationalen Abteilungen freuen.

In Greenwalds Kielwasser folgten jetzt eine Reihe von erfahrenen Führungskräften von Ford und Volkswagen Amerika. Immer wieder wird gesagt, daß Chrysler ohne Iacocca untergegangen wäre und Konkurs angemeldet hätte. Doch Iacocca wußte auch, daß er mit der bestehenden Chrysler-Mannschaft das angeschlagene Schiff nicht retten konnte. Er mußte jetzt neue Leute finden, die Greenwald und den bereits eingearbeiteten Sperlich unterstützen konnten.

Wie Entdecker mit großzügigen Einkommen und bequemen Herrenhäusern in Spanien und Italien schlossen sich die neuen Manager ihrem Christoph Columbus an. Greenwald half beim Abwerben des Ford-Finanzexperten Robert S. (Steve) Miller, der die staatlichen Bürgschaftskredite von vierhundert entmutigten Banken eintreiben sollte. Gar Laux holte zwei intelligente Verkaufsstrategen von Ford zu Chrysler, Jerry Pyle und Jack Givens. Von Volkswagen/Amerika kam Vizepräsident Richard E. Dauch, der die Produktion des Rabbit geleitet hatte und jetzt mit einer Gruppe junger Manager die Produktionsleitung bei Chrysler übernahm. Dem Einkaufsveteran Bergmoser gelang es, David Platt von Ford abzuwerben. Die Öffentlichkeitsarbeit, Iacoccas Liebslingsabteilung, wurde von Baron K. Bates geleitet, der nach zwanzig Jahren bei VW/Amerika zu Chrysler kam. Neben ihn stellte Iacocca den Vizepräsidenten für Public Relations von American Motors, James L. Tolley, der auch schon in der Öffentlichkeitsarbeit bei GM gearbeitet hatte.

»Sie kamen aus Begeisterung und wegen Lee Iacocca«, sagte ein Beobachter der Automobilbranche. Eigentlich hätte die Reihenfolge umgekehrt sein müssen, denn es war der begeisterte Iacocca, der ihnen jegliche Form von Nervenkitzel versprochen hatte – das große Geld, viel Macht, großen Ruhm. Sie konnten nur noch nach oben steigen. Es ging ihnen wie die Chrysler-Aktie, die auch nur noch klettern konnte. Ähnlich wäre es einem Präsidenten bei Ford nach einem totalen K.O. gegangen. Vielleicht waren die neuen Leute noch jung genug um zu hoffen, nach einer erfolgreichen Operation an der Chrysler-Leiche auf beiden Füßen zu landen.

Nach den ersten drei Monaten von 1979 stellten Iacocca und Bergmoser fest, daß alles, was in Chryslers Produktionssystem schiefgehen konnte, auch tatsächlich mißraten war. Iacocca verglich Chryslers Lage mit dem Italien seiner Vorfahren im Jahre

1860 – eine Sammlung von Kleinstaaten, die sich einer Zentralherrschaft widersetzten. Er beklagte sich: »Jeder hat sein eigenes kleines Reich – zwanzig kleine Firmen, die keiner zusammenhält.«

Ein zentrales Management mußte damals auch bei Ford eingeführt werden, erinnert sich Iacocca. Diese Art Vielstaaterei war ein allgemeines Problem in der Autoindustrie. Chryslers halbautonome Produktplanung hatte sich geweigert, mit der Produktionsabteilung zusammenzuarbeiten. Der Streit zwischen den Abteilungen hatte nur zu oft den Vorsitzenden und Präsidenten des Konzerns belastet. Diese Situation wurde aus der Zeit von K.T. Keller übernommen und mißfiel Iacocca zutiefst.

Nachdem Bergmoser sich das Personal der Einkaufsabteilung im Winter von 1979 gründlich angeschaut hatte, übergab er Iacocca die folgende Diagnose von Chryslers Krankeit: zu wenig Spezialisierung. Townsend sah es gern, wenn seine Führungskräfte vom Finanzwesen zur Produktion, von der Produktion zum Einkauf und zurück zum Finanzwesen pendelten. Es entstand ein Orchester von Geigenspielern, die auch Flöte und Schlagzeug spielen konnten. Bergmoser, der in Fords Einkaufsabteilung nur Spezialisten beschäftigte, fand bei Chrysler zu viele Generalisten, die wie Hans Dampf in allen Gassen nichts zustande bringen konnten.

Iacocca hat dann Bergmosers Diagnose so formuliert: »Man verlangt von keinem Gehirnchirurgen, daß er ein Baby zur Welt bringen kann.« Iacocca wollte ein Krankenhaus verwalten, kein Warenhaus, in dem man heute Herrenanzüge und morgen Möbel verkauft.

Bergmoser führte bei Chrysler das spezialisierte Ford-System ein. Einkaufsstrategen blieben jahrelang auf ihrem Posten und »jeder Finanzmanager war kein graduierter Techniker mehr, und man fragte die Leute in der Finanzabteilung nicht, irgendwo eine

Fabrik zu leiten«. Bergmoser war schockiert, daß die drei Spitzenkräfte im Einkauf bei Chrysler zusammen nur eine sechsjährige Erfahrung im Kauf von Material und Autoteilen hatten.

Ironischerweise waren Iacocca und Greenwald selbst vom Weg der Spezialisierung abgekommen. Iacocca kam als Diplomingenieur zu Ford und wurde von seinem Mentor Charlie Beacham ins Marketing gesetzt. Greenwald verließ die Finanzen, um als Generalist ein Werk zu leiten, wodurch er wiederum das Interesse von Iacocca erweckte.

Ein ernstes Problem war bei Chrysler durch die besondere Rolle der Produktplanung entstanden. Kein Vorsitzender seit Walter Chrysler bemühte sich, diese Abteilung wie bei Ford oder GM mit den anderen Gruppen des Konzerns zu koordinieren. Die Produktplanung schwebte über allen und kümmerte sich nicht um Design oder Qualitätskontrolle bei der Produktion. Jeder wurstelte selbst vor sich hin. Iacocca griff diesen Machtkampf zwischen Produktplanung und dem Rest der Firma auf, als ein Fehler nach dem anderen beim großen R-Auto entdeckt wurde. Der Vorsitzende Riccardo und sein Vizepräsident für Verkauf, R. K. Brown, hatten gehofft, daß dieser Wagen 1979 dem Konzern eine gehörige Bargeldspritze bringen würde. Doch die Wagen leckten, klapperten und verließen das Werk mit billigem Lack und schlechten Fugen. Dadurch stiegen die Garantiekosten des Konzerns um 30 Prozent über ähnliche Ausgaben bei GM oder Ford.

In Zusammenarbeit mit Hans Matthias, einer oft bockigen Gewerkschaft und dem gereizten Iacocca ließ Vizepräsident George Butts ein Donnerwetter auf Produktplanung und Fertigung los, wie man es noch nie in Chryslers Geschichte erlebt hatte. Wenn die Fehler entdeckt wurden, mußte eine *task force* für Qualitätskontrolle das Problem beseitigen. Diese Leute wußten zum ersten Mal, daß ihre Arbeitsplätze gefährdet waren, wenn sie kein Mittel gegen das Klappern, Lecken oder Blockieren fanden. Matthias sagte dazu: »Die Leute dürfen nicht mehr nur halbe Arbeit machen und dann weglaufen. Wir müssen so lange am Ball bleiben, bis das Problem völlig beseitigt ist.«

Man konnte jetzt die Verantwortung nicht mehr anderen in die Schuhe schieben oder einfach passen. Spezialisten für Qualitätskontrolle überwachten ständig den gesamten Fertigungsprozeß, wobei Einkommen und Sonderzahlungen allein von der Leistung abhingen. »Der Kunde schert sich nicht darum, warum er einen fehlerhaften Wagen hat«, erinnerte Matthias die Techniker. »Er weiß nur, daß sein Auto schlecht ist.«

Doch die Wende bei Chrysler blieb nicht bei Werkskontrollen stehen. Lieferanten wurden in das Verfahren einbezogen, ebenso die Gewerkschaft, die sich jahrelang dagegen gewehrt hatte und es nun mit dem aufgebrachten Iacocca zu tun hatte. Das K-Auto sollte so fehlerfrei wie möglich produziert werden. Alle kannten nur noch eine Devise: Friß oder stirb!

Der entfesselte Iacocca quälte die Chrysler-Lieferanten und Gewerkschaftsführer, als er um die staatlichen Bürgschaften kämpfte und sich mit rebellischen Banken auseinandersetzte. Als dann die K-Autos Ende 1980 geliefert wurden, konnte Chrysler stolz vorweisen, daß die Garantiekosten jetzt sogar unter denen von Ford lagen und etwa den Garantiekosten von GM entsprachen.

Das von Iacocca ausgelöste Donnerwetter traf auch Chryslers Lieferanten. Bergmoser war überzeugt, daß Qualitätsprüfer viel billiger waren als der durch schlechte Qualität verursachte Schaden. Er stellte dann ein Team mit Qualitätsprüfern wieder ein, das zuvor von Riccardo und Cafiero hinausgeworfen worden war.

Die Neu- und Umpflanzungen durch Iacoccas Landschaftsgestalter brachten erste Ergebnisse. Jetzt war die Zeit gekommen, die ersten Neuprodukte mit Iacoccas Namen – den Plymouth

Reliant und die K-Autos Aries von Dodge – pünktlich und fehlerfrei dem kritischen Blick der Verbraucher vorstellen zu können. Sollten die Wagen wieder durchfallen, wären die Rettungsaktionen umsonst gewesen. Chrysler würde den Gnadenstoß erhalten.

12. Chrysler verläßt den ersten Graben

Wenn man 1960 eine Führungskraft von General Motors nach dem Geheimnis erfolgreicher Unternehmensführung in der Automobilbranche fragte, so hieß die Antwort: »Kontrolle: Händlerkontrolle, Produktkontrolle, Arbeiterkontrolle.«

Die gleiche Antwort wurde etwas später in Wolfsburg am Sitz des Volkswagenwerkes gegeben. Damals beherrschte der kleine Käfer mit Heckmotor den Weltmarkt. »Kontrolle«, sagten auch die Manager bei VW. »Gibt es zu viel Demokratie, werden die Produkte zu spät geliefert und schlecht gebaut. Dann fehlt die zentrale Kontrolle über Einnahmen und Ausgaben, und die Lieferanten spielen die erste Geige anstatt umgekehrt.«

Das Chaos in der Geschäftsführung von Chrysler hatte Iacocca überrascht, obwohl er von Sperlich gewarnt wurde. Er hatte bereits ein schlechtes Gewissen, so viele Topmanager aus sicheren Positionen gut geführter Konzerne wie Ford oder VW abgeworben zu haben. Aber er konnten diese Bedenken verdrängen – er war fest entschlossen, sein Letztes für die Rettung von Chrysler zu geben. Das nächste Ziel stand fest: Man mußte ein gutes Kontrollsystem aufbauen, um den Dschungel in eine Milchfarm zu verwandeln.

Greenwald, der erste N.I. (»Nach Iacocca«) und Überläufer von Ford, stellte entsetzt fest, daß es in Chryslers Finanzbuchhaltung keine zentrale Kontrolle über die Außenstände gab. Der leitende Rechnungsprüfer hatte es etwa 25 selbständigen Abteilungen erlaubt, ihr Rechnungen in eigener Regie zu verwalten. Es gab keine zentralen Bücher, aus denen die Gesamtverpflichtungen des Konzerns hervorgingen.

Ein Großteil dieser undurchsichtigen Kosten bestand aus Garantieverpflichtungen, für die Chrysler 330 Millionen Dollar im Jahr aufbringen mußte. Bei Ford überwachte Ed Lundys Finanzabteilung diese potentiell hohen Kosten. Lundys Leute achteten darauf, daß alle von Händlern und Vertretern eingereichten Garantieansprüche ordentlich geprüft und kein Auge bei betrügerischen Ansprüchen zugedrückt wurde. Die Entscheidungsträger wußten, daß sie von der Geschäftsführung genau beaufsichtigt wurden.

Greenwalds Versuch, das Garantieproblem zu lösen und das Geld zu kontrollieren, wurde mit einer für Chrysler typischen Reaktion aufgenommen. Keiner wußte, welche zehn Garantieansprüche am meisten kosteten. Es gab kein System, derartige Zahlen zu ermitteln. Sperlich hatte dieses Problem schon vor Iacocca entdeckt. Greenwald meinte, man müsse die Leute von Chrysler in ein Proseminar über Betriebswirtschaft schicken.

Greenwald konnte das Chaos in der Finanzkontrolle beseitigen und die Zusicherung erhalten, daß man für Sperlichs Produktentwicklung nicht wieder den Finanzhahn zudrehen würde. Jetzt forderte er von Iacocca die Einlösung eines anderen Versprechens: »Wir müssen erst den besten Controller finden«, sagte Iacocca. »Wenn er so gut wie Du ist, dann kannst Du andere Aufgaben übernehmen.«

Im Sommer von 1979 gelang es, Steve Miller, den Finanzleiter bei Ford/Venezuela abzuwerben und zu Chrysler zu bringen. Das tüchtige Zweigespann Greenwald/Miller brachte es dann fertig, alle Banken während der Kreditrettungsaktion von 1980 und 1981 bei der Stange zu halten. Mit Iacoccas Worten: »Ohne die zwei hätte Chrysler die Krise nicht überlebt.«

Durch das Ordnen der Finanzkontrollen konnten endlich die Verspätungen aus der Welt geschafft werden, mit denen Chryslers Produkte regelmäßig unter Riccardo und Cafiero auf den Markt kamen.

Cafiero war ein berüchtigter Zauderer, wenn es um Grundfragen im Design ging. Das lag zunächst an seinem Charakter aber auch an der Nachlässigkeit, mit der man den Haushalt überzog. Das wohl schamloseste Beispiel hierfür wurde kurz vor Ankunft der Mannschaft um Iacocca, Bergmoser und Matthias geliefert. Die langerwarteten R-Wagen wurden ganze vier Monate später geliefert, weil Cafiero immer wieder Änderungen anordnete. Dadurch verschob sich die Auslieferung durch die Händler bis zum Januar, nachdem die Wagen bereits im Oktober vorgestellt worden waren!

Das Einhalten von Haushalt und Zeitplan gehört zu den Grundvoraussetzungen für die alljährliche Parade der Neuwagen. »Verlorene Zeit läßt sich nie wieder einholen«, meint Bergmoser. »Disziplin in der Geschäftsleitung ist das wichtigste überhaupt.«

Ein ehemaliger Manager erinnert sich, daß die Zeitpläne in den 50er und 60er Jahren auch von Chrysler wie bei Ford und GM eingehalten wurden. »Wir hatten uns für alles Fristen gesetzt – für das Design der Stoßstangen, für Türen, Versuchsproduktion usw.« Das Einhalten von Fristen geriet immer mehr ins Hintertreffen und bedeutete unter Townsend/Riccardo schließlich nichts mehr. Die dadurch entstandenen Kosten ließ die sowieso schwache Finanzkontrolle kalt.

John Riccardo gab verbittert zu: »Wir haben die Markteinführung verpaßt.« Doch diese Töne konnten Iacocca und seine »Produktpreußen« nicht trösten. Diese Art Selbstzerstörung durfte ebenso wenig toleriert werden wie das Chaos in der

Finanzabteilung oder die Tradition, verpaßte Markteinführungen dadurch zu vertuschen, indem man den Händlern überschüssige Wagen aufzwang und Verkaufsvorräte anlegte. Der Krebs hatte sich durch Metastasen in das gesamte System eingefressen.

Auch bei Überprüfungen des Händlernetzes entdeckte Gar Laux den Verfall der zentralen Disziplin. Es war den Händlern erlaubt, ihr Geschäft weiterzuführen oder zu erweitern, ohne sich dabei um Veränderungen beim Absatz zu kümmern. Schließlich brauchte die Zentrale die größtmögliche Zahl an Vertragshändlern, um die ständigen Verkaufsvorräte abbauen zu können.

Chryslers 4800 Vertragshändler konnten durchschnittlich nur an die 300 Neuwagen im Jahr verkaufen, wobei der Konzern einen zehnprozentigen Marktanteil hatte. Bei Ford waren es 500 und bei GM sogar 600. Die Gewinne der Chrysler-Händler wurden stark durch die regionale Konkurrenz in Großstädten beeinträchtigt. Außerdem gab es fast 200 firmeneigene Vertretungen, die aus der Townsend-Zeit stammten und den Umsatz der privaten Autohändler stark drückten. Laux berichtete Iacocca: »Eine werkseigene Vertretung ist die ungerechteste Wettbewerbsform, die ich kenne. Die Autos werden nur bei der Vertretung abgeliefert, ohne daß man sich um die Gewinne für Händler oder Werk kümmert.« Bis Ende 1980 hatte Laux' Abteilung alle firmeneigenen Vertretungen bis auf dreißig an Privatleute verkauft oder geschlossen. Heute gibt es noch etwa ein Dutzend.

Laux entdeckte noch mehr. Disziplin fehlte nicht nur bei den Finanzen und in der Produktentwicklung sondern auch im Verkauf. Zwar gab es eine zentrale Verkaufsabteilung. Aber man ließ Regionen und Gebiete ohne Instruktionen und wußte nicht, was in den anderen Konzernabteilungen vor sich ging. Die mangelhafte Kommunikation erklärte sich zum Teil aus der Tatsache, daß Chrysler für den Hauptabsatz auf 2000 der 4800 Vertragshändler vertraute, über die mehr als vier von fünf Autoverkäufen abgewickelt wurden. (Sechshundert Händler brachten die Hälfte des Absatzes – weitaus mehr als die entsprechenden Quoten bei GM oder Ford.) Diese großen Händler hatten das Sagen. Laux und Mitarbeiter waren vor eine neue Situation gestellt. Bei Ford hatte man viel mit kleinen Händlern auf dem Lande gearbeitet, die viel für Fords Ruf getan haben.

Wie die anderen Abteilungen bei Chrysler konnte auch das Marketing Geld einnehmen und ausgeben, ohne von einer Kontrollinstanz beaufsichtigt zu werden. Es gab keine Akten mit Unterlagen über frühere Geschäftsvorgänge oder Überschüsse. Greenwald erkannte im Sommer 1979, daß ein Informationsaustausch zwischen Finanzen und der restlichen Belegschaft so gut wie nicht stattfand und stellte fest, daß es keine motivierten Rechnungsprüfer oder Buchhalter in Chryslers Finanzbuchhaltung gab. Disziplinlosigkeit, Chryslers größtes Gebrechen, war für Laux schuld am tiefen Graben zwischen Finanzen und Marketing.

Wie konnten die »Erbsenzähler« nur so nachlässig sein? Greenwald und Iacocca wurde gesagt, daß die Finanzexperten Townsend und Riccardo ihr Geschäft so gut verstanden, daß sie keine zusätzlichen Finanzanalysen brauchten. Iacocca und Greenwald führten bei Chrysler bald strenge Kontrollen über den Geldfluß ein, die bei Ford so viel Erfolg hatten. Das Flicksystem mußte beseitigt werden, nicht zuletzt um die Bundesbeamten und deren parlamentarische Kontrolleure zufriedenzustellen, wenn man im skeptischen Washington um Bürgschaften und Überbrückungsgelder bitten wollte.

Bei der Umstrukturierung des Finanzpersonals mußte sich Greenwald mit dem schwierigsten aller Probleme auseinandersetzen, wenn in einem Unternehmen chirurgische Eingriffe angesagt sind: Geldknapphcit. Fast 8 500 »Blindgänger« unter den Angestellten wurden in der ersten Hälfte von 1979 entlassen oder vorzeitig pensioniert. Die Finanzabteilung wurde besonders verjüngt, und wer noch überlebte, wurde von den neuen Bilanzprüfern in andere Abteilungen versetzt.

Das Ergebnis dieser Operation wurde ein Vorbild für die neue Unternehmensstruktur bei Chrysler. Iacocca wollte jede Abteilung in eine wirtschaftlich selbständige Einheit verwandeln, die man mit ähnlichen Abteilungen anderer Autokonzerne vergleichen konnte und die über eigene Haushalte, Gewinne und Verluste Rechenschaft abgeben mußten. Es handelte sich um die gleiche Finanzstruktur, die es bei Ford oder GM selbst bei nicht ertragsschaffenden Abteilungen wie Styling oder Public Relations gab. Bei Chrysler lebten diese Abteilungen hinterm Mond.

»Wenn man die Kosten nicht kennt«, sagte Iacocca, »hat man keine Chance gegen GM, Ford, die Importeure oder Zwischenhändler. Außerdem muß man die Investitionen und Gewinnmargen gut kennen.«

Iacoccas Kostenprüfer entdeckten eine Schlamperei nach der anderen – das traurige Resultat von zu viel Nachlässigkeit. Es gab 110 verschiedene Getriebekombinationen für Lastwagen, tausende von Farbkombinationen, doppelte Ersatzteile. Derartige Verschwendungen verursachten enorme Kosten. »Die Produktivität geht zum Teufel, wenn alles zu kompliziert oder zu kurzfristig ist«, meinte Iacocca. »Mit einem Haufen Optionen und Teilen kann man kein Geld verdienen. Man muß langfristig planen und die Nebenerzeugnisse der existierenden Modelle nutzen.«

Iacocca konnte aus Erfahrung reden. Der 1964er Mustang war tatsächlich ein Nebenprodukt, ein Ableger des 1960er Ford Falcons, der »Plaine Jane«, mit aufgepepptem Außendesign. Der Mustang hatte den gleichen Vierzylindermotor und das gleiche Getriebe wie der Falcon. Er fuhr enorme Gewinne ein. Iacoccas Talent, bestehende Modelle zu konvertieren und umzurüsten, konnte sich bei den K-Kleinwagen voll entfalten. Diese Autos wurden der Grundstock für die folgenden »verlängerten« Sedans, Sportwagen und selbst für die Miniwohnmobile: Alle hatten den gleichen 2,2-Liter-Vierzylindermotor und das gleiche Vordergetriebe!

Während Sperlichs Ingenieure unter Iacoccas wachem Auge Tag und Nacht beschäftigt waren, die besten Plymouth Reliant K und Dodge Aries K-Autos im Herbst 1980 zu basteln, beschäftigte sich der zukünftige Vorsitzende am liebsten mit der Reorganisation seines Unternehmens. Als der Schah 1979 den Iran verließ, ging erneut die Angst vor einer Energiekrise durch die Welt. Der Umsatz von Großwagen fiel, aber Chryslers Kleinwagen Colt, Omni und Horizon wurden gekauft. Sie waren ein zeitgemäßer Vorgeschmack auf die späteren Vierzylinder K-Wagen. Die Hauptsache, Chrysler konnte noch so lange durchhalten.

Wegen der Ölkrise und der folgenden Unsicherheit in der Autowelt wurde es für Iacocca immer schwerer, gute Spitzenkräfte von Ford abzuwerben. Er stellte Werksleiter von Lincoln und VW ein. Die große Überraschung war kein neuer Sperlich oder Greenwald sondern kam mit Wirkung vom 1. März 1979 von einer der größten Werbeagenturen von Ford: die New Yorker Firma Kenyon & Eckhardt, die Chryslers alte Agenturen Young & Rubicam und Batten Barton Durstine & Osborne ersetzte. K & E erhielten die Verantwortung für einen 120-Millionen-Dollar-Werbehaushalt für Chryslers Auto- und Lastwagenwerbung.

K & E hatten seit 1945 für Ford gearbeitet. Iacocca kannte die Geschäftsführer John Morrissey und Arthur Kelmenson von K & E und hatte die guten Kontakte gepflegt. Der Übertritt zu Chrysler schlug bei Ford wie eine Bombe ein. K & E hatten das »Katzenzeichen« für den Ford Mercury entworfen, das bei den Verbrauchern sehr gut ankam und für das sie einen Werbepreis nach dem anderen erhielten. K & E erfanden auch den erfolgreichen Werbeslogan: »Die bessere Idee hat Ford.« Der Baseball-begeisterte Iacocca strahlte: »Ich fühle mich so, als ob ich gerade die New Yorker Baseballmannschaft gekauft habe.«

Indem er der neuen Agentur einen jährlichen Umsatz von 120 Millionen Dollar versprach, kürzte Iacocca gleichzeitig Chryslers Werbehaushalt von 150 Millionen auf 120 Millionen. Zum erstenmal wurden Dodge und Chrysler-Plymouth zusammen in der gleichen Werbekampagne verkauft. Iacocca hatte diese Idee gegen die Empfehlungen von Laux durchgesetzt, der unbedingt Dodge und Chrysler-Plymouth im Marketing trennen wollte. Seine Vorbilder waren Chevrolet/Pontiac oder Ford/Lincoln-Mercury.

1979 brachte eine Krise nach der anderen. Iacocca wurde wie der Chefchirurg eines Großkrankenhauses geprüft, der Tag und Nacht im Operationssaal der Notaufnahme operiert. Durch die iranische Revolution kam es Ende März zu beachtlichen Halden von großen und mittelgroßen Wagen. R. K. Brown, Vizepräsident des Verkaufs, sah sich veranlaßt, einen alten Chrysler-Trick wiedereinzuführen: Die Wagen wurden durch Telephonanrufe von Chrysler-Verkäufern während der letzten Märztage an den Kunden gebracht. Die Händler wußten, was kommen würde und bestellten die heiße Ware massenhaft zu Schleuderpreisen. Zwischen dem 21. und 31. März 1979 wurden 66 423 Fahrzeuge von Chrysler verkauft. Es war mehr als das Doppelte des normalen Zehntagesumsatzes und ein Verkaufsrekord, der bisher unübertroffen blieb.

»Dies war der größte Schock in meinem Leben«, sagte Iacocca über die Verkaufsexplosion am Monatsende. »Ich hätte fast die Flinte vorzeitig ins Korn geworfen.« Aber er durfte nicht aufgeben. Er fühlte, daß der Übertritt der prominenten Werbeagentur Kenyon & Eckhardt die verzweifelte Stimmung der Vertragshändler herumreißen könnte. Und die Verkaufsrekorde am Monatsende gaben ihm recht.

Die Umwandlung des Chrysler-Konzerns machte sich tatsächlich schneller bezahlt, als selbst Iacocca vorausgesagt hatte. Das brandneue Team erwartete die Einführung der 1980er Modelle. Sie sollten das Ende der schrecklichen 70er Jahre symbolisieren, in denen der drittgrößte Autoproduzent Amerikas von einigen Beobachtern zum drittkleinsten degradiert wurde.

Aber Iacocca mußte noch gegen die unvorstellbaren Geldschwierigkeiten ankämpfen. Noch konnte bezweifelt werden, ob Chrysler überleben würde, selbst wenn sich alles plötzlich zum Guten wenden sollte. Iacocca hatte den ersten Graben verlassen – jetzt mußte er das Niemandsland durchqueren.

13. Iacocca beißt sich durch

Als Präsident Jimmy Carter am 7. Januar 1980 das Gesetz über die Kreditbürgschaften für die Chrysler Corporation unterschrieb, hatte Lee Iacocca eine entscheidende Schlacht im Überlebenskampf seiner Firma gewonnen. Ein derart hektisches Jahr hatte wohl noch kein anderer Konzernführer erlebt. Iacocca wurde ständig wie ein Infanteriekommandant geprüft, der seine Soldaten durch ein riesiges verbarrikadiertes Minenfeld führt, in dem jede Mine das Ende des Angriffs herbeigeführt hätte.

Dennoch bedeutete das Rettungspaket der Regierung in Form von Bürgschaften zunächst noch nichts für Chrysler. Der Konzern mußte erst eine Unzahl von Bedingungen erfüllen, bevor Iacocca aufatmen und optimistisch in die Zukunft sehen konnte. Er hatte ein ganzes Jahr gebraucht, um den Brückenkopf in der Normandie zu erkämpfen. Noch drei lange Jahre waren nötig, bis Chrysler seine ganze Kraft wiedererlangt hatte.

Während Präsident Iacocca versuchte, Anfang 1979 Ordnung in das Chaos der Unternehmensstruktur zu bringen, registrierte der Vorsitzende Riccardo Verluste in Höhe von 53,8 Millionen Dollar im ersten Vierteljahr. Er warnte, daß die Verluste zum Jahresende so stark ansteigen würden, daß eine staatliche Rettungsaktion unbedingt erforderlich würde, um den Bankrott des Unternehmens zu verhindern.

Die Nachricht von Chryslers verzweifelter Lage verursachte Schockwellen bei den vierhundert Banken, die dem Konzern Geld geliehen hatten. Besonders die kleinen Banken waren beunruhigt. Außerdem schuldete Chrysler 251 Millionen Dollar der Prudential Versicherungsgesellschaft, 70 Millionen der Aetna Lebensversicherung und 50 Millionen in Schuldscheinen der Blue Cross/ Blue Shield Krankenversicherung. Den kleinen Banken schuldete Chrysler etwa 70 Millionen Dollar. Sie befürchteten, im Falle einer Rettungsaktion zu kurz zu kommen oder beim Konkurs die Verlierer zu sein. Viele der Kleinbanken forderten ihr Geld sofort zurück, stießen aber damit bei Chrysler auf Granit.

Durch die Finanzkrise wurde es Iacocca erschwert, neue Talente von außen anzuwerben. Gleichzeitig wurde das Benzin wieder knapp. Die Situation verschärfte sich durch eine Verordnung, die den Autos nur noch den Gebrauch von bleifreiem Benzin erlaubte und die Verminderung des Benzinverbrauches pro 100 km zwingend vorschrieb.

Während die Benzinpreise kräftig anzogen, verordnete Präsident Carter am 1. April 1979 die Besteuerung von unvorhergesehenen Gewinnen der Ölproduzenten. Außerdem wurde die staatliche Kontrolle des Ölpreises für fünf Jahre aufgehoben. Zum zweitenmal innerhalb von fünf Jahren bildeten sich in Kalifornien wieder Autoschlangen vor den Tankstellen. Wieder war das Land in einer Lage, die es nicht kontrollieren konnte. Diesmal bestand die Gefahr einer dramatischen Änderung des Lebensstils und der Verbrauchergewohnheiten.

Wie konnte Chrysler auf bisher noch nie gewährte Bundesbürgschaften hoffen, nachdem der schlechte Ruf der Chrysler-Produkte den Konzern an den Abgrund gebracht hatte? Ohne Iacocca hätte Chrysler im hektischen Jahre 1979 wohl das Konkursverfahren eröffnet. Dieser Schritt hätte dem Konzern den letzten Sargnagel gegeben, wie Iacocca später bemerkte. Der

Verkaufsumsatz wäre ausgetrocknet, und die Händler hätten Chrysler verlassen und ihr Heil bei der Konkurrenz gesucht.

Der Verkauf von Dodge-Lastwagen hatte Chrysler auch während der Autorezession einigen Erfolg gebracht. Die Beliebtheit von Kleintransportern und Vans in den mittleren 70er Jahren zusammen mit dem erhöhten Absatz von kleinen Wohnmobilen und Campingautos schlug bei Chrysler positiv zu Buche. Der Konzern lieferte Motoren-Getriebe an so mächtige *Van*-Giganten wie Winnebago. Als im Frühjahr 1979 der Absatz von großen Wohnmobilen infolge der Benzinknappheit zusammenbrach, verschärften sich Chryslers Gewinn- und Umsatzeinbrüche. Der Absatz von sparsamen Dieselautos und Lastern schoß in die Höhe. GM hatte Wagen mit V-8-Dieselmotoren gebaut und profitierte von der Nachfrage. Wegen der Geldknappheit war Chrysler nicht in der Lage, Dieselautos auf den Markt zu bringen. Für Iacocca war diese Situation typisch für eine »pfennigkluge« aber »dollardumme« Produktplanung.

Iacocca ließ wenigstens nach außen erkennen, daß Chrysler die unvermeidliche Finanzkatastrophe überstehen würde. Er forderte Sperlich auf, die Entwicklung eines Minivans mit Vorderradantrieb zu beschleunigen. Dieser Wagen sollte das Getriebe des K-Kompaktautos erhalten, das erst in zwei Jahren auf den Markt kommen sollte. Iacocca gehörte jedoch nicht zur Sorte von Managern, die wie seine Vorgänger Produktentwicklungen aufgaben, sobald es beim Absatz zu Einbrüchen kam. Für Sperlich war der Minivan schon in den alten Tagen bei Ford ein »heiliger Gral«. Das Projekt wurde nur gestoppt, weil man befürchtete, daß es den Markt für den Eintonnentransporter ausbluten könnte. Ende 1983 wurde dann Chryslers Minivan ein großer Verkaufsschlager. Diese Entwicklung hatten Sperlich und Iacocca 1979 vorausgesagt, als sie skeptische Kongreßabgeordnete und Banken vom Sinn der Bürgschaften überzeugen mußten.

Anfang 1979 profitierten Chryslers Plymouth Horizon und der Dodge Omni von der plötzlichen Beliebtheit von Autos mit geringem Benzinverbrauch. Allerdings war der Gewinnanteil von amerikanischen Autos in diesem Markt sehr gering. Der 1,7-Liter-Motor für den Omni und Horizon wurde von Volkswagen geliefert, dessen amerikanischer Rabbit gut verkauft wurde. VW weigerte sich, Iacocca mehr als die 1979 versprochenen 300 000 Motoren zu liefern. Iacocca wollte diese Lage sofort verändern, wenn sich Chryslers finanzielle Situation gebessert hatte. (Chrysler hat dann den VW-Motor mit einem eigenen 2,2-Liter-Vierzylindermotor ersetzt, der dem 1981er K-Auto entnommen wurde. Ein 1,6-Liter-Vierzylindermotor wurde vom französischen Partner Peugeot geliefert. Iacocca liebte es nicht, von den Stimmungen externer Lieferanten abhängig zu sein.)

Während der 79er Benzinkrise wurden die japanischen Kleinwagen zum großen Verkaufsschlager. Ihr Absatz kletterte auf Rekordhöhen in den USA, und die Japaner konnten sich als dynamische und beständige Kraft auf dem Markt etablieren. Zuvor war ihr Anteil am Importmarkt verhältnismäßig klein. Die Lieferung von Chryslers eigenen Kleinwagenimporten – die von Mitsubishi gebauten Colts – wurde von Mitsubishi eingeschränkt, nachdem die Plymouth Horizon und Dodge Omni eingeführt waren. Die Vertragshändler neigten dazu, einheimische Produkte zu bevorzugen.

Man kann sich heute kaum vorstellen, daß es im Januar 1979 zur Zeit der Flucht des Schahs aus dem Iran einen fünfmonatigen Überschuß von japanischen Kleinwagen in den Importhäfen der pazifischen Westküste gab. Niemand wollte Beträge über dem empfohlenen Großhandelspreis zahlen, um einen Toyota Corolla oder Honda Civic kaufen zu können. Und niemand einschließlich Iacocca beklagte sich über unausgewogene Handelsbilanzen mit Japan oder den künstlichen Wechselkurs des Yen im Verhältnis zum Dollar.

GM war der stets allmächtige Konzern, der Iacocca bei Ford und Chrysler auf Trapp hielt und sich im ereignisreichen Frühling von 1979 ebenfalls in das Geschäft von Chrysler einmischte. Als GMs X-Kompaktautos von vier der fünf GM-Werke produziert wurden, sagte Iacocca nur: »Gott muß denen auf die Schulter geklopft haben.« Die Chevrolet Citation, Pontiac Phoenix, Buick Skylark und Oldsmobile Omega hatten einen stolzen 2,5-Liter-Motor und den beliebten Vorderradantrieb. Das GM-Quartett ergänzte jetzt Chevrolets traditionellen Ruf als Kleinwagenproduzent mit dem Prestige der Buick-, Oldsmobile- und Pontiac-Händler, die ihre eigenen X-Kompaktautos dem Markt anbieten konnten.

Chryslers Kleinwagen mit Vorderradantrieb sollten erst in einem Jahr vorgestellt werden. Ford war noch später dran. Mit Ausnahme der verkaufsstarken Japaner konnte GM zunächst den ganzen Markt für Vierzylinder-Familienautos mit Vorderradantrieb ausschlachten. Im zweiten Quartal von 1979 hatte sich Chryslers Absatz- und Gewinnsituation noch mehr verschlechtert. Das Betriebskapital war zusammengeschmolzen, und 50 000 Fahrzeuge blieben unverkauft. Die Überschüsse mußten wahrscheinlich wieder durch eine Verkaufskampagne reduziert werden, die erst Ende März erfolgreich über die Bühne gebracht wurde.

Gar Laux und Iacocca entschieden, ein derartiges Unterfangen nicht noch einmal zuzulassen. Die Vertragshändler erhielten Großhandelsrabatte, die Produktion wurde drastisch eingeschränkt. Auf keinen Fall wollte man die Autohalden wieder durch Schleuderaktionen abbauen. Zunächst waren die Händler nicht glücklich, aber sie wußten, daß das Werk als Lizenzgeber das entscheidende Sagen hatte. Einige »verwöhnte« Lizenznehmer sprangen ab, was Iacocca nicht sehr beunruhigte, da er die zu große Zahl von Vertragshändlern vermindern wollte.

Als Maßnahme gegen GMs X-Autos und die Invasion japanischer Kleinwagen entschloß sich Iacocca zur Wiederbelebung der bewährten Chrysler-Garantie auf Getriebe und Motor für 50 000 Meilen – ein immer noch exklusives Angebot von Chrysler. Doch während Riccardo bei den Banken antichambrierte und um Geduld bat, mußte Iacocca noch mehrere Operationen am Chrysler-Körper vornehmen.

Als Outsider konnte Iacocca den Konzern ohne sentimentale Vorbehalte dezimieren. Er ließ verlautbaren, daß das Dodge-Hauptwerk in Hamtrack im Juni 1980 geschlossen werden würde. Das Dodge-Werk war Chryslers zentrale Produktionsanlage, wo in der Blütezeit bis zu 33 000 Arbeiter beschäftigt wurden. »Dotch«, wie die polnischstämmigen Arbeiter das Werk nannten, war für Chrysler so wichtig wie das Rouge-Werk für Ford oder Flint Buick für GM. Doch Iacocca wußte, daß das mehrgeschossige Dodge-Werk für eine Modernisierung zu teuer sein würde. Hier waren die erfolglosen Dodge Aspen und Plymouth Volare gebaut worden. Das Werk mußte aufgegeben werden. Iacoccas Entschluß stand fest.

Als Riccardo am 18. September zurücktrat und Iacocca Vorsitzender und Hauptgeschäftsführer wurde, hatte man die Kosten bereits um 350 Millionen Dollar im Vergleich zum Vorjahr gesenkt. Im Gegensatz zu den Sparmaßnahmen seiner Vorgänger hatte Iacocca kein Geld von Chryslers Zukunftsprojekten abgezweigt. Sperlich erhielt das grüne Licht, jeden geeigneten Mitarbeiter einzustellen und keine Kosten zu sparen, um die Produkte für Chryslers Wiedergeburt zu entwickeln. Iacocca erhöhte sogar den monatlichen Haushalt für Neuentwicklungen von 100 Millionen Dollar auf 160 Millionen. Wie sollte er von den Banken Kreditverlängerungen oder Bürgschaften von der Regierung erhalten, sagte er, wenn seine Produkte von der Konkurrenz in den Schatten gestellt würden?

Iacoccas Devise am Chrysler-Steuer hieß: Betteln, borgen und stehlen, um die Produktentwicklung durch andere Äste des Konzernbaumes zu ernähren. Die technische Entwicklung der 1981er K-Autos mußte im Herbst 1979 in vollem Gang sein. Man hatte entschieden, das veraltete Chrysler-Werk an der Jefferson Avenue in Detroits Osten zu automatisieren und zu modernisieren. Allerdings bedeutete dieser Schritt eine erhebliche Kostensteigerung für die Plymouth Reliant und Dodge Aries K-Kompaktautos.

Inzwischen taten Sperlichs Produktexperten ihr bestes, um die Chrysler Cordoba und Dodge Mirade Mittelklassewagen zu verbessern. Sie sollten im Herbst 1979 als erste Autos der »Iacocca-Mannschaft« auf den Markt kommen. Auf keinen Fall durften sie mit den gleichen Ergebnissen wie die katastrophalen R-Karosserie-Wagen des Vorjahres erscheinen.

Hinter den Kulissen versuchte Iacocca, private Retter für den Chrysler-Konzern zu finden. Kein Manager eines finanziell so angeschlagenen Konzerns wie Chrysler kann die Angebote aus der Privatwirtschaft für Fusionen oder Partnerschaften ignorieren, nur weil eine staatliche Bürgschaftsaktion »in den Sternen« stand und die Geschäfte immer schlechter gingen.

1979 wurde lange und an verschiedenen Orten über ein ernsthaftes Fusionsangebot von Volkswagen beraten. Zum Schluß machte Volkswagen doch nicht mit, obwohl Iacocca den Zusammenschluß kräftig unterstützte. Der deutsche Automobilkonzern schreckte vor Chryslers desolater Finanzsituation zurück, befürchtete wohl auch, daß Iacocca ein zu hartgesottener Manager war, um sich den Chefs der VW-Hauptverwaltung in Wolfsburg unterordnen zu können.

Der New Yorker Investitionsbanker Felix Rohatyn unterbreitete Chrysler einen privaten Rettungsplan, der jedoch von Riccardo und dem Aufsichtsrat abgelehnt wurde. Rohatyn hatte Renault eine 46,1prozentige Beteiligung an General Motors vermittelt und gehörte zum AMC-Aufsichtsrat. Riccardo und Iacocca waren verärgert, weil er in seinem Reorganisierungs- und Umschuldungsplan zur Bedingung machte, den Vorsitz von Chryslers Finanzausschuß zu übernehmen und wahrscheinlich langfristig den Chrysler-Vorsitz ansteuern zu können. Ironischerweise glich Rohatyns Plan deutlich der Lösung, die 1980 durch die Verabschiedung des Bürgschaftsgesetzes gefunden wurde.

Ende Juni 1979 brachte *Automotive News* eine sensationelle Geschichte. Es war die gleiche Zeitschrift, die ein Jahr zuvor die Story von Iacoccas Rausschmiß durch Henry Ford II gedruckt hatte. Diesmal war VW angeblich dabei, Chrysler für 15 Dollar pro Aktie zu übernehmen, weit unter dem Aktienwert von 40 Dollar. Finanzminister Michael Blumenthal traf Iacocca einen Tag nach Veröffentlichung des Artikels und drängte den Chrysler-Chef, das »Angebot« anzunehmen. Aber dieses »Angebot«, falls es je abgegeben wurde, war von VW schon zurückgenommen worden. Die VW-Geschäftsführung weigerte sich, die Geschichte zu bestätigen.

Im zweiten Quartal 1979 machte Chrysler 207 Millionen Dollar Verluste. Da Iacocca die Politik des Verkaufsvorrats aufgegeben hatte, stapelten sich die unverkauften Wagen am 30. Juni bis auf 75 000 Stück. Jetzt hieß es: Friß Vogel oder stirb! Das Prinzip der freien Marktwirtschaft in Amerikas Regierung, Industrie und Gewerkschaften sollte über Bord geworfen werden. Chrysler, angestachelt von einem der enthusiastischsten und aggressivsten Unternehmensführer in Amerika, mußte sich um etwas bewerben, was ein so freier Konzern noch nie haben wollte oder haben mußte: Hilfe von Washington.

14. Der Staat rettet den »Führer«

Staatliche Unterstützung – oder Konkurs. So hießen im Herbst 1979 die Wahlmöglichkeiten der fünfundfünfzig Jahre alten Chrysler Corporation und ihres neuen fünfundfünfzig Jahre alten Vorsitzenden Lee Iacocca. In der amerikanischen Geschichte war bisher noch keine Regierung gebeten worden, einen derart großen Verbrauchsgüterproduzenten – oder überhaupt eine Privatfirma – zu retten.

Es wurde ein »Präzedenzfall«, um einen abgenutzten Ausdruck zu gebrauchen. Ein derartiges Unterfangen widerspricht allen Prinzipien des amerikanischen Systems der freien Marktwirtschaft. Es hat schon einmal staatliche Rettungsaktionen für Penn Central und Lockheed gegeben; aber dieses Geschäft sah anders aus. Es grenzte an staatlichen Sozialismus. Gegner dieser Aktion waren Liberale wie Ralph Nader und Senator Gary Hart und Konservative wie der GM-Vorsitzende Thomas A. Murphy. »Es sollte niemals eine Garantie dafür geben, daß jemand vom Wettbewerb ausgeschlossen werden kann«, posaunte Murphy. »Es hat noch nie ein lebensfähiges Unternehmen ohne solide Finanzgrundlage gegeben.«

Angesichts dieser Gegner – vom feindlich gesinnten *Wall Street Journal* bis zur freundlicheren *New York Times* und *Washington Post* – kann man nur bewundern, wie Iacocca die Regierung erfolgreich für die Rettungsaktion gewinnen konnte. Riccardo gab des Ruder ab, um den Weg für die Alles-oder-Nichts-Aktion bei der Regierung frei zu machen. Sollten diese Bemühungen scheitern, wäre es Iacoccas Aufgabe gewesen, den Konkurs anzumelden. Selbst der gewöhnlich aggressive Iacocca war für diese Aufgabe nicht vorbereitet. Aber wer wurde schon für einen derart verzweifelten Angriff vorbereitet?

Professoren der Betriebswirtschaft wie der angesehene Abraham Zaleznik von Harvard nennen Iacocca und Führungskräfte seines Kalibers nicht »Manager« sondern »Führer«. Diese »Führer« bewegen die Welt allein schon durch ihren Charakter. Sie fürchten sich nicht, die Zeichen der Zeit zu erkennen und das Ruder herumzureißen. Dr. Zaleznik meint, die Iacoccas der Geschäftswelt wären »oft von ihren zukunftsorientierten Ideen besessen, die dann die anderen begeistern, motivieren und zum harten Arbeiten bewegen, so daß sich die erdachte Traumwelt bald in Realität umsetzt«.

Im Gegensatz zu den Führern glauben Zalezniks Manager an »Abläufe« und Organisationen. Für Zaleznik ist GMs Gründer und angesehener ehemaliger Vorsitzender, Alfred P. Sloan Jr., der Prototyp eines Managers. Tom Murphy käme auch in diese Kategorie. Beim gegenwärtigen Vorsitzenden Roger B. Smith hätte Zaleznik jedoch Zweifel anzumelden. Smith hat bei GM viele Weichen gestellt und sein Talent bewiesen, Träume von Betriebserweiterungen und Aufkäufen in die Tat umzusetzen.

Hätten »Manager« wie Lynn Townsend oder Philip Caldwell eine staatliche Rettungsaktion für Chrysler erkämpfen können? Oder mußte erst eine Persönlichkeit mit Iacoccas Charisma und Führungseigenschaften kommen, um Gewerkschaften und politische Verbündete für den »neuen« und wieder auferstandenen Chrysler-Konzern hinter sich zu vereinen?

Die Mehrheit der erfolgreichen Topmanager von Großkonzernen bestreitet, daß es eine Mischform aus »Führer« und »Manager« nicht geben kann. Sie meinen, daß ein Vorsitzender wie ein Manager arbeiten und zugleich seine Leute wie ein Führer motivieren muß. Entweder hat er die Persönlichkeit für diese Aufgaben, oder er sucht im Unternehmen nach Möglichkeiten, das Personal zu stimulieren.

Warren Bennis, Professor an der Universität von Südkalifornien, meint jedoch, man wäre entweder ein Iacocca-Typ oder nicht. Leute, die die Rollen wechseln können, gäbe es nur selten. Der Grund dafür liegt im großen Unterschied zwischen der Angestelltenmentalität und dem Unternehmergeist und der Schwierigkeit, den Hühnerstall Großkonzern mit der Einstellung eines Künstlers zu führen, der ein Filmstudio leitet.

Iacocca konnte der Regierung und Öffentlichkeit beim Kampf um die Rettungsaktion eine »Vision« vermitteln, die über das einfache Ringen eines erfolglosen Konzerns mit mangelhafter Führung hinausging. Natürlich sprach gegen den Zusammenbruch, daß Tausende von Arbeitsplätzen und Autovertretungen verloren gehen würden. Aber die Leute könnten anderswo wieder eingestellt werden. »So heißen doch die Spielregeln, oder nicht?«

In der *New York Times* erschien ein scharfer Leitartikel: »Die Briten haben mit katastrophalem Mißerfolg versucht, zusammenbrechende Firmen vor dem Ruin zu bewahren. Diesen Weg brauchen die Vereinigten Staaten nicht erst einzuschlagen.« Die *Washington Post* meinte, ausländische Wagen »würden eine bessere Garantie für zukünftigen Wettbewerb gewähren als ein schwaches einheimisches Unternehmen, das man mit öffentlichen Subventionen über Wasser hält«. Eine derbe Sprache aus dem Munde zweier progressiver »Bibeln«. Man konnte sich die Barrikaden vorstellen, gegen die selbst eine so kräftige Persönlichkeit wie Iacocca anrennen mußte.

Iacocca mag Professoren der Betrtiebswirtschaftslehre als tüchtiger »Führer« mit einer Kreuzzugsmentalität auf der Suche nach dem gelobten Land beeindrucken. Doch wenn es darum geht, die richtigen Leute für die nächstliegenden Aufgaben zu gewinnen, ist Iacocca ein ausgesprochener Pragmatiker. Das Geschäft des Führens und Leitens ist eine Straße mit Gegenverkehr; und Musiker, die sich für einen Dirigenten wie Toscanini die größte Mühe geben, werden auch die gleiche Symphonie mitspielen, wenn sie nur von einem unbekannten Maestro dirigiert wird.

Um bundesstaatliche Hilfe beanspruchen zu können, mußte Iacocca dem Kongreß eine Führungsmannschaft vorstellen, die er selbst ausgewählt hatte. Es durfte keine Zeit vergeudet werden. Chrysler hatte kein Geld mehr, um fällige Rechnungen zu begleichen. Und das Damoklesschwert der Konkurseröffnung mußte auf jeden Fall weggeschoben werden.

Zunächst erhielt Chrysler eine Absage auf zwei vorübergehende Rettungsvorschläge – Befreiung von staatlichen Abgasauflagen und Befreiung von Sondersteuern für Chrysler. Fraser, der Präsident der Automobilgewerkschaft, hatte den Vorsitzenden Riccardo vor diesem Ersuchen gewarnt. Er hatte geahnt, daß man mit diesen Vorschlägen in Washington nicht weit kommen würde. Fraser bewies ein Gefühl für Marketing, das Iacocca beeindruckte und Fraser als ein potentielles Aufsichtsratsmitglied ins Gespräch brachte. Der Gewerkschaftsführer sagte Riccardo, daß beide Anträge kaum helfen würden, den schleppenden Fahrzeugverkauf des Konzerns anzukurbeln.

Fraser und Riccardo sprachen miteinander, bevor Iacocca im September 1979 Vorsitzender wurde. Doch die Begegnungen sollten sich später positiv für Chrysler auswirken. Der politisch wohl scharfsinnigste Präsident in der Geschichte der amerikanischen Automobilgewerkschaft wurde in den Aufsichtsrat übernommen und wurde zur Schlüsselfigur beim Kampf um das

Kreditbürgschaftsgesetz. Als unmittelbare Nebenwirkung ließ die Gewerkschaft den Chrysler-Konzern als Streikobjekt für die 1979er Vertragsverhandlungen fallen. Allerdings vereinbarten GM und Ford den teuersten Manteltarifvertrag in der Geschichte der Autoindustrie, wodurch Chryslers finanzielle Lage nur noch verschärft wurde.

Wie höhere Gewalt verhinderten politische Stürme und Gegenwinde die Bemühungen um besondere Steuerbefreiungen. Am 19. Juli 1979 wurde Blumenthal von Präsident Carter entlassen, der sich über die Streitereien zwischen seinem Minister und Carters Beratern im Weißen Haus geärgert hatte. Blumenthals Nachfolger, der ehemalige Vorsitzende der Bundesbank, G. William Miller, sprach sich bei der Pressekonferenz aus Anlaß seiner Amtseinführung kategorisch gegen die Steuerbefreiung aus.

Glücklicherweise hatte Miller ein Ohr für die staatlichen Kreditbürgschaften, die jedoch 750 Millionen Dollar nicht überschreiten durften. Miller, der mürrische ehemalige Vorsitzende von Textron, konnte Riccardo nicht leiden. Er hielt ihn für zweitklassig. Als Chef der Federal Reserve hatte er Riccardo schon empfohlen, Chrysler unter Artikel elf des Konkursgesetzes zu reorganisieren, falls die Kreditgeber endgültig den Geldhahn zudrehen sollten.

Indem er die Rettungsstrategie von Steuerbefreiungen auf Kreditbürgschaften umlenkte, lieferte Miller Chrysler den Feinden des Autokonzerns im Kongreß aus. Senator Long konnte die Steuerbefreiungen beschleunigen, die bereits 1968 für American Motors gewährt worden waren. Aber die Vorsitzenden der Kongreßausschüsse, die über ein Kreditbürgschaftsgesetz zu entscheiden hatten, stellten sich als verschworenen Chrysler-Gegner heraus: der demokratische Senator aus Wisconsin, William Proxmire, und der Kongreßabgeordnete Henry Reuss, ebenfalls ein Demokrat aus Wisconsin.

Obendrein wäre es Chrysler fast unmöglich gewesen, die Zinsen für Neukredite zum vorherrschenden Zinssatz von fast 11 Prozent aus den dünnen Barreserven zu bezahlen. Man sah sich bereits im August gezwungen, 2- bis 5prozentige Gehaltskürzungen bei 1700 festangestellten Arbeitern vorzunehmen.

Die Kreditbürgschaften waren nicht Iacoccas Lieblingslösung, obwohl er sich mit vollem Elan und dem ganzen Gewicht seiner Persönlichkeit daranmachte, im Kongreß Unterstützung für dieses Projekt zu gewinnen. Wendell (Lars) Larsen, Chryslers Vizepräsident für Public Relations und ein Vertrauter Riccardos, hatte die Leitung des staatlichen Bürgschaftsprojektes übernommen und behielt diesen Posten, als Iacocca den Vorsitz bei Chrysler übernahm. Larsen hat bestätigt, daß Iacoccas Anwesenheit in Washington die Verabschiedung des umstrittenen Bürgschaftsgesetzes ermöglichte. Es war ein Sieg des »Führers« über die »Manager«.

Als Vorsitzender erlebte Iacocca seine erste Feuertaufe bei den Verhandlungen mit der Gewerkschaft im September und Oktober 1979. Die Regierung in Washington hatte sich für Kreditbürgschaften für Chrysler ausgesprochen. Doch das Gesetz konnte erst in Kraft treten, wenn sich Chrysler und die Automobilgewerkschaft über den von Ford und GM ausgehandelten Vertrag einigen konnten. Iacocca verlangte beträchtliche Zugeständnisse von der Gewerkschaft, die gewöhnlich von den großen drei Autoherstellern gemeinsam unter Druck gesetzt wurde. Fraser schien freundlich gesinnt; aber die Basis sah nicht ein, weniger als die Genossen bei GM und Ford zu erhalten.

Das Geheimnisvolle, das die »starke Führung« umgab, konnte erneut über die alten und verkrusteten Prinzipien siegen. Die Arbeiter verzichteten auf 203 Millionen Dollar. Außerdem wurde die Zahlung von 100 Millionen an die Pensionskasse aufgeschoben. Als Gegenleistung bot Iacocca an, Fraser im Frühling von 1980 in den Aufsichtsrat zu benennen.

In Washington machte man sich Sorgen um Carters Wiederwahl. Das Bündnis zwischen Autoindustrie und Gewerkschaft gab der Regierung grünes Licht, mit Vollgas auf die Chrysler-Autobahn zu fahren. Eine besondere Rolle spielten Vizepräsident Mondale und ein junger Kongreßabgeordneter im Bankenausschuß, James Blanchard, der jetzige Gouverneur von Michigan. Finanzminister Miller zögerte zunächst und schickte die Chrysler-Manager mehrere Male nach Detroit zurück, um die Bürgschaftshöhe zu senken und größere Anstrengungen zur Reorganisierung des Konzerns zu fordern.

Chrysler zeigte den Kongreßmitgliedern und Regierungsvertretern detaillierte Pläne mit Fotos über seine zukünftigen Autoentwicklungen. Die Profitmarge und Managergehälter wurden bis in alle Einzelheiten aufgedeckt. Schließlich konnte Präsident Carter die gute Neuigkeit verkünden: Die Regierung werde die Verabschiedung eines Chrysler-Kreditbürgschaftsgesetzes in Höhe von 1,5 Milliarden Dollar beantragen. Dieser Betrag war doppelt so hoch, wie Finanzminister Miller ursprünglich genehmigt hatte.

Miller war angeblich nach einer Geheimsitzung mit Iacocca umgefallen. Der Chrysler-Chef hatte dem Finanzminister vorgerechnet, wie teuer ein Konkursverfahren für die Regierung sein würde. Der Staat würde Renten und Arbeitslosenunterstützung zahlen müssen. Es würde enorme Steuereinbußen geben. Und Carters Wiederwahl wäre mehr denn je gefährdet. Nach einem möglichen Zusammenbruch in Detroit hätte der Staat allein 1,5 Milliarden Dollar an Sozialleistungen zu zahlen. 500 Millionen würden durch weniger Steuereinnahmen verloren gehen. Mehr als 110 000 Menschen würden ihren Arbeitsplatz verlieren. 19 000 Lieferanten und 4000 Chrysler-Händler und deren Angestellte wären dann ohne Aufträge!

Ein Konkurs hätte negative Rückwirkungen auf den bereits angeschlagenen Präsidenten Carter, dessen Nominierung durch

Senator Edward M. Kennedy bedroht wurde und der voraussichtlich einen schweren Stand gegen den Republikaner Ronald Reagan haben würde. In seiner Rede zur Unterstützung des Bürgschaftsgesetzes sprach Miller von »Schweiß und Tränen« – Worte, die er bis dahin nicht gebraucht hatte.

Weihnachten stand vor der Tür. Die Präsidentschaftsvorwahlen folgten. Iacocca mußte schnell handeln, um die Bürgschaften rechtzeitig vom Kongreß genehmigt zu bekommen. Als das Gesetz den Senat und das Repräsentantenhaus erreicht hatten, fuhren Iacocca, Fraser und Detroits Bürgermeister Young so oft wie möglich nach Washington. Das Gesetz erwartete von Chrysler, zusätzliche 1,5 Milliarden Dollar von Lieferanten, Kreditgebern, Händlern, Angestellten und Land- und Gemeindeverwaltungen aufzubringen. Es war eine fast unmögliche Aufgabe. Aber Iacocca meinte, man könne alles ohne Probleme bewältigen.

Obwohl sich einige kritische Stimmen im Kongreß negativ über Iacoccas »Schacherei« äußerten, konnte das Gesetz verhältnismäßig glatt durchgebracht werden. Bürgermeister Young war einer der ersten schwarzen Persönlichkeiten, der sich hinter Carter stellte. Jetzt schuldete ihm der Präsident eine Gegenleistung. Frasers ausgezeichnetes Verhältnis zur Gewerkschaftsbasis hat viele Abgeordnete beeindruckt, die sich sonst gegen die Bürgschaften gewehrt hätten. Schließlich waren die Republikaner schon dabei, die Arbeiter gegen Carter aufzuwiegeln.

Iacocca hat immer unterstrichen, daß Chrysler Kreditbürgschaften und keine Neukredite brauchte, um wieder vollständig zu gesunden. Chrysler brachte ganze Abordnungen von Händlern und Lieferanten dazu, auf ihre Kongreßabgeordneten Druck auszuüben. Allerdings hatten viele Autohändler philosophische Bedenken gegen eine staatliche Rettungsaktion. Ihre Forderung in Washington hieß: »Nehmt uns nicht unser Brot, und gebt Iacocca eine Chance.«

Am Dienstag vor Weihnachten wurde das Chrysler-Kreditbürgschaftsgesetz vom Repräsentantenhaus mit 271 gegen 136 Stimmen angenommen. Im Senat hatte sich die republikanische Opposition gegen die Rettungsaktion nicht verringert. Senator Proxmire und andere Senatoren verlangten bis zum Schluß, daß Löhne und Gehälter bei Chrysler auf drei Jahre eingefroren werden sollten, eine Maßnahme, mit der Iacocca nicht einverstanden war. Doch am Ende genügte es dem Senat, daß die Gewerkschaft Eingeständnisse in Höhe von 462,5 Millionen Dollar machte; und das Gesetz wurde mit 53 gegen 44 Stimmen verabschiedet.

Der erleichterte und begeisterte Iacocca organisierte eine ungewöhnliche vorweihnachtliche Pressekonferenz in Chryslers Zentrale. Wie keiner zuvor in der amerikanischen Geschichte war es ihm gelungen, den zögernden Drachen zu betören. Noch war der Erfolg nicht in der Tasche; aber die Bundesregierung mußte jetzt bei der Stange bleiben.

»Jetzt wollen wir Weihnachtseinkäufe tätigen«, sagte er am Ende der Pressekonferenz. Das größte aller Geschenke hatte er bereits in der Tasche.

15. Erst die Axt im Walde – dann die Wende!

Die »neue« Chrysler Corporation entstand am 7. Januar 1980, als Präsident Carter das Gesetz für die Chrysler-Kreditbürgschaften unterzeichnete. Mit Anbruch der neuen Dekade konnte sich der Chrysler-Vorsitzende entgültig befreien. Jetzt hatte er die große Chance, Henry Ford II und dem Rest der Welt zu beweisen, daß er den immer noch quicklebendigen Autogiganten wiederaufbauen konnte.

Iacocca stand jetzt vor der härtesten Herausforderung seines Lebens. Zwar mußte er einem staatlichen Bürgschaftsrat gegenüber Rechenschaft ablegen. Dieser Ausschuß bestand aus drei Spitzenpolitikern: dem Finanzminister, dem Vorsitzenden der Federal Reserve Bank und dem Leiter der Bankenaufsichtsbehörde. Doch jetzt gehörte Chrysler Iacocca – er konnte siegen oder verlieren. Die Bundesregierung konnten für Kredite bis zu 1,5 Milliarden Dollar bürgen, aber sie konnte die Händler und Verbraucher nicht dazu bewegen, die von der Iacocca-Mannschaft für den harten amerikanischen Markt ausgesuchten Produkte zu kaufen.

Es gab noch einige rechtliche Hindernisse, bis die staatlichen Kreditbürgschaften förmlich übernommen werden konnten. Aus der Art, wie Iacocca und seine Finanzexperten Gerry Greenwald und Steve Miller diese Hindernisse Anfang 1980 beseitigten, ging deutlich hervor, daß die neue Chrysler Corporation auf Erfolg eingestellt war.

Es folgt eine Liste mit absoluten Verpflichtungen, die Chrysler unbedingt erfüllen mußte:

1. Bestehende US-Kreditgeber waren verpflichtet, Neukredite in Höhe von 400 Millionen Dollar zu gewähren und 100 Millionen an Zinskonzessionen auf bereits bestehende Verpflichtungen zu genehmigen.
2. Ausländische Kreditgeber wurden gebeten, 150 Millionen Dollar an Neukrediten zu gewähren.
3. Chrysler mußte 300 Millionen Dollar durch den Verkauf von Betriebsvermögen aufbringen.
4. Die Lieferanten mußten mindestens 180 Millionen beisteuern. 100 Millionen davon sollten durch den Ankauf von Chrysler-Aktien bereitgestellt werden.
5. Bundesstaaten und Gemeinden, in denen Chrysler eine Produktionsanlage unterhielt, mußten mindestens 250 Millionen Dollar an Chrysler vorschießen.
6. Neue Chrysler-Aktien zum Gesamtwert von 50 Millionen sollten öffentlich angeboten werden.
7. Die gewerkschaftlich organisierten Arbeiter mußten Zugeständnisse in Höhe von 462,2 Millionen machen. Von den Angestellten wurden 125 Millionen verlangt.

Iacocca und Greenwald mußten sich auf einen recht hindernisreichen Weg begeben. Aber wie immer packten sie das Problem mit Methode an. Zweiundzwanzig »Arbeitsteams« wurden schnell aufgestellt, um bestimmte Adressaten zu bearbeiten: Gemeindeverwaltungen, Lieferanten, Investitionsfirmen, die Automobilgewerkschaft, Banken und so weiter. Die Berichte wurden jeden Freitag vorgelegt. Die Sitzungen dauerten oft die ganze Nacht hindurch bis in den Sonnabend. Zum Schluß ging es immer darum, die Ziele für die folgende Woche zu bestimmen.

Seltsamerweise war es am schwierigsten, die Banken zu überzeugen, während die Gewerkschaft und bundesstaatliche Stellen am schnellsten kooperierten. Ende Januar hatte Fraser bereits die Zustimmung der Gewerkschaftsbasis für die erwarteten Konzessionen. Nur wenige Monate waren vergangen, seitdem der erste Konzessionsvorschlag gemacht worden war.

Die Lieferanten waren die nächsten. Sie senkten ihre Preise und kauften die Chrysler-Aktien. Allerdings wußten sie, daß der Zusammenbruch des Hauptwerkes auch ihr Ende bedeutet hätte. Einige Bundesstaaten waren aus philosophischen Gründen langsamer als erwartet. Doch die Staaten und Gemeinden, in denen Chrysler eine Produktionsanlage unterhielt, hatten politisch keine andere Wahl und mußten den angeschlagenen Arbeitgeber unterstützen.

Bei den Banken sah alles anders aus. Chrysler brauchte mehr Zeit, um 1,5 Milliarden Kredit von 442 Banken zu erhalten, als das Bürgschaftsgesetz durch den Kongreß zu bringen. Außerdem mußte Chrysler etwas Unmögliches erreichen – die übereinstimmende Zustimmung aller Kreditgeber des Konzerns. Greenwald nannte dieses absolute Genehmigungsgebot lächerlich. Eine hundertprozentige Übereinstimmung hätte sich wohl nie unter den argwöhnischen und halsstarrigen Gläubigern bilden können, wenn Iacocca nicht selbst enormen Druck ausgeübt hätte.

Chrysler hatte sich immer um gute Beziehungen zu den Banken bemüht. Zeitweise waren bis zu zwölf von Chryslers dreiundzwanzig Aufsichtsratsmitgliedern auch in den Aufsichtsräten von Banken und Finanzinstituten vertreten. Es war daher eine bittere Pille, daß gerade die Banken trotz der staatlichen Bürgschaften zögerten, mehr Geld vorzustrecken. Besonders die kleineren Banken weigerten sich. Einige standen an Orten mit Chrysler-Werken. Man wollte wissen, wer denn für die beantragten Neukredite bürgen würde. Greenwald machte sich Sorgen um den unmittelbaren Cash-Flow von Chrysler, der langsam auszutrocknen schien.

Wenn es Chrysler bis zum 1. April 1980 nicht gelingen sollte, die Auflagen des Bürgschaftsgesetzes zu erfüllen, müßte der Konzern den Konkurs anmelden. Greenwald und Miller verdeutlichten den Bankern diese Aussichten. Einmal mußte Chryslers Finanzchef Schulden in Höhe von 800 Dollar mit verfügbaren Mitteln von 100 Millionen begleichen. Verzögerte Zahlungen an die Lieferanten und Flickkredite vom Staate Michigan und dem französischen Partner Peugeot halfen Chrysler über die ersten Runden. Aber die kleinen Banken blieben bei ihrer Verzögerungstaktik, wodurch Chrysler die Frist vom 1. April versäumte und keinen staatlichen Schutz mehr für Neuverschuldungen erhielt. Weitere »Flickaktionen« waren erforderlich, je länger die Frist sich hinzog.

Iacocca organisierte eine Kampagne gegen die säumigen Banker, die in den nationalen Medien bloßgestellt wurden. Er entwarf einen Plan für Beistandskredite als letzte Rettung und informierte die Unverbesserlichen, daß ihre fehlende Zustimmung zu den Krediten dazu beitragen könnte, daß man Präsident Carter über ein bevorstehendes Konkursverfahren unterrichten müsse. Dadurch würde man die Rückzahlungschancen aller Gläubiger in Gefahr bringen. Iacocca zeigte seine Stirn. Es war ein knallharter Existenzkampf, der endlich gewonnen wurde, als einer der letzten Zauderer das Kreditpaket unterschrieb: American Bank and Trust in Rockford, Illinois, ein Chrysler-Gläubiger mit 525 000 Dollar Kredit, der ausgerechnet in der Nähe von Belvidere lag, wo Chryslers Omni-Horizon gebaut wurde.

Ähnlich wie der zaudernde Kongreß hätte sich wahrscheinlich die leidgeprüfte amerikanische Bankwelt geweigert, Chrysler die doppelte Kreditsumme zur Verfügung zu stellen, wenn nicht Iacocca und seine Anhänger ihr ganzes Gewicht in die Waagschale geworfen hätten. Greenwald und der missionarische Steve Miller forderten die Öffentlichkeit unermüdlich auf, Druck auf die Banker auszuüben. Und sie brachten es tatsächlich fertig, die Gläubiger von Chryslers Kreditwürdigkeit zu überzeugen. Eine Sitzung jagte die andere. Einmal waren 25 Vorstände großer Chrysler-Banken versammelt, um die unumgängliche Kreditzusage per Akklamation vorzubereiten.

Den Berg, der jetzt erklommen werden mußte, konnte nur der unermüdliche Iacocca bezwingen. Am 17. April durfte Miller dann endlich die Zusage aller vierhundert Banken bekanntgeben. Das Finanzministerium bestand noch darauf, daß die Banken Chrysler-Aktien als Gegenleistung für verspätete Zinszahlungen akzeptieren sollten.

Am Ende des qualvollen Weges konnte die stürmische Rettungsaktion eingeleitet werden, obwohl Chrysler es nicht geschafft hatte, 300 Millionen Dollar durch den Verkauf von Betriebsvermögen aufzutreiben. Einige Banken wehrten sich bis zum Schluß. Steve Miller war insgesamt 117mal in ein Flugzeug gestiegen, um das nächstliegende Ziel zu verwirklichen – die Ziehung von 500 Millionen Dollar staatlich garantierter Kredite am 24. Juni 1980. Chryslers Leben wurde verlängert, und Iacocca konnte sich auf die Aufgaben konzentrieren, die ihm am Herzen lagen: die Entwicklung und Einführung der »brandneuen« Modellserie.

»Ein Geschäftsführer hat es leicht«, sagte ein gestandener Unternehmensberater, »wenn das Geschäft gut geht und die Wirtschaft stark ist. Wenn aber die Talfahrt beginnt und der Umsatz nicht mehr stimmt, wird alles viel schwieriger. Selbst für Iacocca muß es die Hölle gewesen sein, als das Unternehmen nur noch Bruch wert war und die Wölfe vor der Tür heulten.«

Während der kritischen Jahre von 1979-80 hatte Iacocca oft schlaflose Nächte. Chryslers Marktanteil war auf acht Prozent gesunken. Ein so selbstsicherer Mann wie Iacocca mußte zugeben: »Es sah aus, als ob ich meinen Hintern verlieren würde – es war eine ganz neue Erfahrung.«

Die öffentlichen Spötter liebten es, den verarmten Chrysler-Konzern lächerlich zu machen. Der Fernsehkomiker Johnny Carson erntete großes Gelächter, als er das Bild eines bösen Menschen folgendermaßen umriß: Er ruft bei Chrysler an und fragt, wie denn die Geschäfte gingen!

Iacoccas körperliche und geistige Gesundheit erlitt einen Rückschlag, als er bei einem seiner zahllosen Besuche in Washington einen Schwindelanfall hatte. »Die Spannungen und der Streß erzeugten ein Gefühl, als ob man Steine im Kopf hatte«, sagte er. »Aber irgendwie konnte ich mich durchschlagen.«

Eine der schwersten Aufgaben war es, in den dunklen Tagen Anfang 1980 etwa 8000 Angestellte zu entlassen. Nur wenige Monate zuvor waren 8 500 Arbeiter entlassen worden, wodurch die Firma Gesamtkosten in Höhe von 500 Millionen Dollar einsparen konnte.

Obwohl das Topmanagement selten derart unangenehme Aufgaben übernimmt, hatte sich Iacocca entschlossen, einen Großteil der leitenden Angestellten auf der Abschußliste selbst zu entlassen. Er nahm an, daß er durch den Rausschmiß bei Ford gut auf diese Aufgabe vorbereitet war. Doch es sollte anders kommen. Die meisten der gekündigten Angestellten wollten mit ihm streiten, weinten, baten um Nachsicht oder drohten mit rechtlichen Schritten.

Iacocca versuchte, Regelungen über frühzeitige Pensionierungen und Gehaltsfortzahlungen so großzügig wie möglich zu gestalten. Unter seiner Anweisung wurden strenge Vorschriften über Dienstzugehörigkeit und Alter so oft wie möglich umgangen. Dennoch tat sich Iacocca mit den Entlassungen schwer, da die entscheidenden Fehler von den früheren Firmenchefs begangen wurden und sich die Untergebenen ausschließlich an Anweisungen von oben gehalten hatten. »Zuzusehen, wie diese Menschen herumgeboxt wurden, hat mich sehr betrübt«, sagte Iacocca. »Ich dachte immer mehr über die gesellschaftliche Verantwortung der Unternehmer nach, ein Thema, um das ich mich bei Ford nie gekümmert hatte. Wie die anderen Topmanager stand ich bei Ford stets über den Dingen. Allerdings erlebten wir auch nie eine so böse Krise. Früher hatte ich nie so viele Menschen entlassen müssen.«

Iacocca wollte durch seine Trimmaktion des Chrysler-Baumes die Macht der *Staff*-Manager einschränken und die Position der Manager in der Produktion stärken, die bei Chrysler wie bei Ford ihre Anweisungen vom *Staff* erhielten. Schon bei Ford hatte Iacocca nicht viel von *Staff*-Experten gehalten. Er nannte sie »graduierte Harvard-Spezialisten, die den Unterschied zwischen ihrem Hintern und Oberarm nicht kannten«. Er zog Erfahrung und Sachkenntnisse akademischen Titeln, Abschlüssen von exklusiven Hochschulen vor.

Iacocca war verärgert, wenn es zwischen einem altgedienten Praktiker und einem dreißigjährigen Vorgesetzten Streit gab, »der als Manager noch nichts geleistet hatte«. Er war nicht grundsätzlich gegen die Leute vom *Staff*, aber das Schwergewicht lag eindeutig auf Produktion und Marketing im Automobil- und Lastwagensektor. Es war unvermeidlich, daß Chryslers *Staff*-Management bald kleiner aussah als bei GM oder Ford. Iacocca, der bei Ford einer starken Führungsmannschaft angehörte, stellte erleichtert fest, daß man das Unternehmen auch mit weniger Leuten regieren konnte. Dadurch verringerte sich nicht der Schmerz, den er bei der Entlassung vieler leitender Angestellter empfand – aber der Zweck mußte die Mittel heiligen. Er konnte kaltblütig sein, wenn er das Wohl der Gesamtfirma verteidigen mußte.

Mit anderen Worten: Iacocca war knallhart, wenn die Dinge nicht so liefen, wie er es sich vorstellte, oder wenn sich die Untergebenen seinem Willen widersetzten. Manchmal grenzten seine scharfen Umgangsformen Untergebenen gegenüber an Rach- und Streitsucht, wie ein Vizepräsident bei Chrysler bestätigte, der dreißig Jahre gedient hatte und nun in Iacoccas Büro vom Firmenchef heruntergeputzt wurde.

»Vor einem Monat hatte er mir noch anerkennende Worte über meine Arbeit gesagt«, berichtete das Opfer. »Ich verstand mich gut mit Hal Sperlich. Wir waren gerade dabei, die Grundlagen der K-Autos, Laser Daytona Sportwagen und Miniwohnmobile zu entwerfen – alles Fahrzeuge, die Chrysler dann zur Wiedergeburt verhalfen.

Ich wußte, daß es so gut nicht weitergehen konnte, da meine alten Kollegen von ihm hinausgesetzt wurden. Er rief mich zu sich, fand einen unwesentliche Grund, mich zu kritisieren und erklärte mir dann den Rausschmiß.

Er meinte, daß die Firma nun ein ›neues‹ Team brauche, weil die Regierung wegen der Bürgschaften den Konzern beaufsichtigen würde. Man gab mir eine gute Abfindung, aber ich kam mir wie ein Stück Dreck vor. Ich hätte den Verein verklagen sollen, doch schließlich erhielt ich einen guten Job bei einem Großlieferanten von Chrysler, so daß die Wunden langsam heilen konnten.

Aber ein Großteil des sogenannten Iacocca-Geheimnisses besteht aus harter Einschüchterung. Er springt selbst mit den Spitzenkräften so um. Glücklicherweise war Chrysler dann erfolgreich, aber viele gute Leute fühlten sich von dem Kerl ganz schön beleidigt.«

Natürlich stehen einige Glossen über diesen Aspekt seines Charakters in Iacoccas autobiographischem Bestseller. Viele Kritiker meinen, daß Iacoccas hartes Umspringen mit altgedienten Angestellten durch seine schlechte Erfahrung bei Ford »gerechtfertigt« war. Iacoccas älteste Tochter Kathi wurde Anfang 1985 Direktorin einer Stiftung, die die Gewinne aus dem Verkauf der Autobiographie verwalten soll. Sie meinte: »Wer glaubt, er würde Ford für den Rausschmiß verzeihen können, kennt meinen Vater schlecht.«

Das Erscheinen des K-Autos im Herbst 1980 wurde fast durch Iacoccas ersten Produktfehler torpediert. Er hatte sich der Meinung seiner Finanzabteilung angeschlossen, man müsse den ersten Dodge Aries und Plymouth Reliant mit »reichen« Extras ab Werk versehen, um so schnell wie möglich an Bargeld kommen zu können. Iacocca fühlte sich vom neuen Bürgschaftskomitee unter Druck gesetzt und meinte, die kastenförmigen K-Autos mit Vorderradantrieb wären gut geeignet, mit Getriebeautomatik, Servolenkung, teuren Radios und anderen Extras ausgerüstet zu werden. Iacoccas Verkaufsteam hatte den Händlern einen umfangreichen Bestand von 81er Modellen aufgeschwatzt. Allerdings konnten die Händler nicht wissen, daß die Wagen viel teurer werden würden, als in der Werbung groß angekündigt.

Im November gingen die Händleraufträge schlagartig zurück, weil die Kunden über zu hohe Preise klagten. Die Händler mußten jetzt ein Auto mit einem fünfstelligen Preis anbieten, obwohl zunächst ein Preis von etwa 7000 Dollar versprochen wurde. Obendrein hatte die Produktionsanlage einige Probleme mit dem neuen automatisierten Produktionssystem im Chrysler Jefferson-Werk in Detroit. Dadurch wurde die Produktion gerade dann verzögert, als die Werbekampagne auf Hochtouren lief.

Doch es kam noch schlimmer. Die Kreditzinsen kletterten wieder nach oben und Chryslers Hoffnungen auf einen ordentlichen Gewinn im vierten Quartal lösten sich im Nichts auf. Iacocca konnte seine Erfahrungen als Generalist einsetzen und ein flexibles Zinsrückzahlsystem entwerfen, wonach den Käufern auf Ratenkreditbasis der Unterschied zwischen dem tatsächlichen Zinssatz und dem ursprünglich angebotenen Zinssatz von 13 Prozent zu Beginn der 1981er Serie zurückerstattet wurde.

Die Probleme in der Produktion konnten behoben werden. Aber jetzt wurde ein Sündenbock gesucht. Man fand Dick Vining, einen alten Chrysler-Veteranen, den Iacocca zum Vizepräsidenten für Produktentwicklung und Produktion befördert hatte. Diesmal wurde kein Ford-Manager abgeworben. Steve Sharf, der oft übergangene Produktionsfachmann bei Chrysler, der den problemfreien und sparsamen 2,2-Liter-Vierzylindermotor des K-Autos entwickelt hatte, erhielt Dick Vinings Job.

Trotz der relativ hochwertigen K-Autos steckte Chrysler Ende 1980 immer noch in ernsten Geldschwierigkeiten. Präsident Carter war von Ronald Reagan entscheidend geschlagen worden. Reagan war ein Verfechter der freien Marktwirtschaft und, um es milde auszudrücken, kein Freund von staatlich unterstützten Rettungsmanövern für angeschlagene Privatunternehmen.

Zu allem Übel hatten die Markteinführung des K-Autos und die hohen Zinsen bereits die ersten 800 Millionen Dollar aufgezehrt, die Chrysler aus dem garantierten Kreditvolumen erhalten hatte. Weihnachten 1980 stand Chrysler genauso arm da wie ein Jahr zuvor. Der scheidende Finanzminister Miller, der jetzt auch Vorsitzender im Chrysler-Kreditaufsichtsrat war, forderte von Chrysler noch mehr Konzessionen, obwohl Iacocca bereits ein neues Paket mit Zusatzleistungen ausheckte, das er den Arbeitern, Lieferanten und Banken aufdrücken wollte. Diese Gelder sollten zusätzlich zur erneuten Beanspruchung der Kreditlinie aufgebracht werden.

Iacocca war gegen Millers Forderungen machtlos, obwohl er sich ständig gegen die Einmischung durch die Kreditaufsicht wehrte. »Bei jeder Geldaufnahme mußten wir mit schlechten

Schlagzeilen rechnen. Es war unerträglich. Jedesmal, wenn wir uns um Geld bemühten, erlitten wir böse Absatzverluste.«

Am 19. Januar 1981, einen Tag vor Präsident Reagans Amtseinführung, hatte Miller zum letzten Mal unter der Carter-Präsidentschaft den Vorsitz bei einer Chrysler-Kreditkomiteesitzung. Iacocca akzeptierte einen Neukredit über 400 Millionen Dollar, der das Gesamtkreditvolumen auf ansehnliche 1,2 Milliarden Dollar erhöhte. Es blieb nur noch ein Kredit von 300 Millionen Dollar, der aber nie beansprucht wurde. Die Automobilgewerkschaft gab nach und stimmte einer dritten Welle von Konzessionen zu. Diese Haltung ermöglichte es Chrysler, innerhalb von drei Jahren fast eine Milliarde Dollar an Lohn- und Gehaltskosten weniger zu zahlen als Ford oder General Motors. Aber noch hatte Chrysler genügend Schulden bei Gläubigern, die nicht durch staatliche Bürgschaften gedeckt waren. Noch einmal mußten Angestellte aus dem White collar-Bereich entlassen werden.

Im Frühjahr 1981 war Iacoccas Chrysler so »rank und schlank« wie nie zuvor. Nichtamerikanische Tochtergesellschaften, das Immobiliengeschäft der Händler, das Dodge-Hauptwerk und selbst die Firmenflugzeuge gehörten jetzt der Vergangenheit an. Aber es war gelungen, den drohenden Konkurs abzuwehren. Das Bürgschaftsgesetz hatte Chrysler zunächst gerettet. Man hatte einen Weg vorbereitet, den andere später auch einmal gehen konnten.

Wenn Iacocca in die Zukunft blickte, konnte er vielleicht ahnen, daß er die Kurve genommen hatte und nur noch nach oben steigen konnte. Er durfte mit Stolz feststellen, daß die neuen Chrysler-Produkte die besten der letzten dreißig Jahre sein würden. Die oft enttäuschten Arbeiter gaben ihr bestes, um die Leistung zu steigern und ein Spitzenerzeugnis zu produzieren. Die Geldknappheit war überwunden, Chrysler stand wieder auf festen Füßen. Der Sohn italienischer Einwanderer hatte einen großen Autokonzern vor dem Ruin gerettet – genau wie der berühmte Henry Ford II, der einen ähnlichen Erfolg vor fünfunddreißig Jahren verzeichnen konnte.

16. Vom K-Tag zum Zahltag

So wie der Mustang Iacocca bei Ford zur Spitzenstellung verhalf, wurde das K-Auto sein Erfolgsprodukt bei Chrysler. Seit dem K-Tag, als die anfänglichen Kinderkrankheiten überwunden waren, konnte Iacocca das Chrysler-Raumschiff zu einem spektakulären Senkrechtstart verhelfen.

Doch immer noch blies ein harter Gegenwind. So war zum Beispiel der Verkauf von Personenwagen während der tiefen Rezession im Jahre 1982 um 20,8 Prozent eingebrochen. Doch zu diesem Zeitpunkt hatten sich die neuen K-Autos bereits gut auf dem amerikanischen Markt etabliert. Die erfolgreichen Nebenmodelle wurden von Chrysler so überzeugend vermarktet, daß der Verkauf von Neuwagen 1983 um erstaunliche 53,2 Prozent anstieg und 1984 noch einmal um 37,4 anwuchs. Hinzu kam der Verkaufserfolg der Lastwagen im Jahre 1984, der durch den Absatz der kleinen Wohnmobile, Ableger der K-Autos, kräftig angeheizt wurde.

»Kluge Leute«, sagte Iacocca, »verwenden hauptsächlich austauschbare Autoteile und senken somit die Kosten. Das ist nicht nur erlaubt sondern zwingend notwendig. Wer heute einen Neuwagen von Anfang an entwickeln will, ohne das genaue Absatzvolumen zu kennen, hat den besten Weg zum Konkurs gefunden.«

Diesen Weg hatte Iacocca schon vor Verabschiedung des

Bürgschaftsgesetzes vermieden. Für ihn wurden die kostengünstigen K-Autos die solide Grundlage aller zukünftigen Chrysler-Wagen. Aber ohne Iacoccas »Werbefritzen« hätten sich die Autos nicht so leicht verkauft. Sie konnten den Verbraucher überzeugen, daß ein völlig neues Auto auf dem Markt war, das sich deutlich von den Plane Jane Reliant und Aries Kastenautos unterschied, durch die Chryslers Wiederaufstieg in Gang gebracht worden war.

Die Werbekampagnen hätten aber auch schieflaufen können, wenn Iacocca weniger risikofreudig und mehr ein traditioneller »Manager« gewesen wäre. »Selbst nach Einführung der K-Autos gab es immer noch eine Dürreperiode. Chrysler hatte zu sehr darauf geachtet, die Dinge richtig zu tun, anstatt darauf zu achten, das Richtige zu tun«, meint Warren Bennis, eine »Führerpersönlichkeit« im Stile Iacoccas.

Obwohl 1980 die K-Autos bereits auf den Markt gebracht waren, mußte Chrysler einen Gesamtverlust von 1,7 Milliarden Dollar hinnehmen. Das Unternehmen steckte immer noch in der Krise. Ford hatte im gleichen Jahr 1,5 Milliarden verloren, dabei aber keinen Kleinwagen mit Vorderradantrieb verkauft. Der freche Iacocca beauftragte jetzt seinen Assistenten Tom Denomme, ein förmliches Fusionsangebot an Ford auszuarbeiten.

»Für Ford«, meinte Iacocca, »wäre eine Fusion mit Chrysler der schnellste und leichteste Weg gewesen, die Position als starke Nummer zwei in der amerikanischen Automobilindustrie wiederzugewinnen. Wäre es zu einer Fusion gekommen, hätte Ford 75 Prozent der Macht von General Motors gehabt. Dann hätten wir ein echtes Pferderennen gesehen.«

Doch dann hätte sich Iacocca aus dem Automobilgeschäft zurückziehen müssen. Der neue Vorsitzende bei Ford, Philip Caldwell, hätte verständlicherweise niemals seine Macht mit dem ehemaligen Ford-Präsidenten Iacocca teilen wollen. Obwohl der

Ford-Aufsichtsrat das Fusionsangebot entschieden ablehnte, war es doch typisch für Iacoccas dynamischen Managementstil mit Sinn für Innovationen. Abgesehen von den persönlichen Differenzen wäre ein ähnliches Angebot wahrscheinlich vom Chrysler-Vorsitzenden Caldwell an den Ford-Vorsitzenden Iacocca nie gemacht worden.

Als Chrysler die 1981er K-Autos endlich fehlerfrei liefern konnte, war es auch schon Zeit für die 1982er Modelle. Schon wieder stand eine Bargeldkrise ins Haus. Doch diesmal sollte es die letzte sein. Am 1. November 1981 hatte Chrysler genau 1 Millionen Dollar auf dem Lohnkonto. Für ein Unternehmen, das täglich bis zu 50 Millionen Dollar ausgab, erschien Iacocca dieser Betrag wie ein dürftiges Taschengeld.

Doch nach all den Anstrengungen der vorigen Jahre war dies nicht der Augenblick, das Hemd zu werfen und den Konkursverwalter zu rufen. »Wir müssen zaubern lernen«, rief Iacocca und schob die Rechnungen und Schulden der Firma hin und her und erbat sich Stundungen und Kredite von den Lieferanten. Diesmal sah alles nach einem abgekarteten Spiel aus – aber es funktionierte! Erfreulich war, daß Chrysler nie eine Lohnzahlung oder Lieferantenrechnung schuldig blieb, wenn auch das Geld manchmal erst sehr spät kam.

Natürlich hatten Gläubiger und Lieferanten genügend Grund zur Angst. Wer wollte gern der böse Bube sein, der Chrysler in ein unfreiwilliges Konkursverfahren stürzt? Und welchen Vorteil hätten die Gläubiger vom Zusammenbruch des Autokonzerns gehabt? Iacocca verstand es, diese Angst opportunistisch auszunutzen. Mancher Lieferant, der die Verzögerungstaktik nicht mehr ertragen wollte, wurde im letzten Augenblick aus Angst vor Iacoccas Zorn daran gehindert, den Konkurs zu erzwingen.

Durch das ständige Auf und Ab der Geschäfte bei Chrysler kam Iacocca oft in das Rampenlicht der Öffentlichkeit. Bisher war es keinem amerikanischen Manager gelungen, derart viel Aufmerksamkeit auf sich zu lenken. Namen wie John F. Welch Jr., Gordon McGovern und Roberto C. Goizueta bedeuteten der amerikanischen Öffentlichkeit so gut wie nichts, obwohl es aggressive Firmenchefs mit Iacocca-Format sind, die Großkonzerne wie General Electric, Campbell Soup und Coca-Cola wieder aufgerichtet hatten. Allerdings waren ihre Unternehmen nicht so heruntergewirtschaftet wie Chrysler bei Iacoccas Übernahme. Aber dafür genießen diese Insider, die nicht daran denken würden, in Fernsehspots oder Werbekampagnen gegen die nationale Handelspolitik aufzutreten, auch nicht den öffentlichen Bekanntheitsgrad eines Lee Iacocca.

Mit vielleicht falscher Bescheidenheit hat Iacocca gesagt, daß »ein Unternehmenschef, der selbst in den Werbespots seiner Firma erscheint, auf einem Ego-Trip sein muß. Wenn ich einen Topmanager beim Anpreisen seiner eigenen Produkte sehe, bleibt bei mir ein bitterer Nachgeschmack.«

Iacocca hat das Syndrom des »schlechten Geschmacks« wie ein Superstar überwunden, sonst hätte man ihn schon früh auf dem Bildschirm ausgelacht. Das Timing seiner Werbespots war glücklich gewählt, da der große Schauspieler, Ronald Reagan, seit 1981 vom Weißen Haus aus das Publikum beeinflußte und sich die Zuschauer an schauspielerische Leistungen auf höchster Ebene gewöhnten.

Als dann Chryslers Marketingexperten und Werbeagenturen Iacocca zum ersten Mal baten, persönlich die Firmenprodukte in ausgesuchten Fernsehspots und auf den Werbeseiten der Druckmedien anzupreisen, war Iacocca nicht grundsätzlich abgeneigt. Bei Ford hatte er nie öffentlich geworben, obwohl er einer der aktivsten Sprecher der Autoindustrie war und mehr von erfolgreicher Verkaufspsychologie verstand als die meisten der großen Vorsitzenden und Konzernpräsidenten.

1981 und 1982 stagnierte Chryslers Absatz. Die Firma war

noch nicht über den Berg. Jetzt sollte Iacocca direkt in den Verkauf eingeschaltet werden. Viele Kritiker bezweifelten, daß seine Werbespots das Geschäft erheblich verbessern könnten und verwiesen auf die vergleichbaren Bemühungen des einstigen Astronauten und damaligen Firmenchefs von Eastern Airlines, Frank Bormann, der im Fernsehen für sein Unternehmen warb.

Doch Iacocca sollte die Zweifler Lügen strafen. Er war bald so bekannt wie der Fernsehstar Phil Donahue und Spitzenreporter Dan Rather. Chryslers Umsatz wuchs immer schneller, je öfter Iacocca in den Werbepausen der Spielfilme, Sportveranstaltungen oder Morgennachrichten erschien.

Chrysler-Studien ergaben, daß viele Neuwagenkäufer, die bisher einen Bogen um Chrysler gemacht hatten, aufgrund der »Berühmtheit« des Vorsitzenden »konvertiert« wurden. Der Bekanntheitsgrad gipfelte in Iacoccas Lieblingsspruch, der in aller Munde war: »Wenn sie einen besseren Wagen sehen, kaufen sie ihn!«

Die Werbespots waren optimistisch und überzeugend. Sie verkauften das Produkt und das Unternehmen, verglichen Chrysler mit der Konkurrenz und luden die Verbraucher ein, die Chrysler-Händler zu besuchen und die Autos mit den Produkten von Ford und GM zu vergleichen.

Vielleicht hätte es Chrysler auch ohne Iacoccas Werbesprüche geschafft. Die Startschwierigkeiten des K-Autos mit Vorderradantrieb im Herbst 1980 hätten den Erfolg kaum verhindert. Doch eine erstaunlich große Gruppe von Käufern der K-Autos und der daraus entwickelten E-Autos sagten, sie wären von Iacoccas Überzeugungskraft und Aufrichtigkeit zum Kauf eines Chrysler-Wagens motiviert worden. Er stand persönlich hinter seiner Werbung und ließ sich nicht durch einen Ricardo Montalban oder Ed McMahon vertreten. Für einen amerikanischen Unternehmenschef war es ein ungewöhnlicher und riskanter Schritt.

Überblickt man achtzig Jahre amerikanischer Automobilgeschichte, kann man zweifellos behaupten, daß kein anderer Konzernchef außer Iacocca das Absatzvolumen einer Modellserie von Autos, die die meisten Amerikaner bereits abgeschrieben hatten, so erfolgreich hätte vergrößern können. Autos und Lastwagen sind ein wichtiger Bestandteil der amerikanischen Lebensform. Keiner möchte in »ein paar Räder« investieren, die einen derart schlechten Ruf haben wie Chrysler, Dodge und Plymouth im Jahre 1980. In der Automobilindustrie hatte es immer geheißen: »Wer ein Verlierer ist, kann ungestört abtreten!« Man kann sich kaum vorstellen, daß ein Henry Ford II für den Kauf des Edsel oder Pinto geworben hätte oder daß der einstige GM-Vorsitzende Fred Donner im Fernsehen den Chevrolet Corvair angepriesen hätte, als Ralph Nader vor zwanzig Jahren die Autos mit Heckmotor als »unsicher« anprangerte.

Iacocca gab zu, daß er ohne die neuen Produkte, die Chryslers veraltete und unbeliebte Flotte aus den 70er Jahren ablöste, wahrscheinlich im Fernsehen durchgefallen wäre. Chrysler hatte vor Iacoccas Eintritt entschieden, leichte Autos mit Vorderradantrieb zu bauen – die Plymouth Horizon und Dodge Omni. Dadurch hatte Iacocca jetzt die Munition, Chryslers Konkurrenzfähigkeit glaubhaft zu verteidigen. Während der schlimmsten Rezession in der Automobilbranche seit den 30er Jahren entdeckten die Verbraucher den leichten Kleinwagen mit Vorderradantrieb. Omni und Horizon wurden 1978 von Chrysler zum ersten Mal vorgestellt, als Iacocca gerade die Konzernleitung übernahm. Es waren jedoch Chryslers erste Kompaktautos. GM und Ford hatten schon seit 1959 ihre Kleinwagen auf dem Binnenmarkt verkauft. Chryslers veraltete Mittelklassewagen mit Hinterradantrieb – die Plymouth Volare und Dodge Aspen – wurden erst 1981 durch die moderenen Plymouth Reliant und Dodge Aries ersetzt. Jetzt schaltete sich Iacocca persönlich in die Werbekampagne zur Rettung des sinkenden Schiffes ein.

Seine größte Herausforderung als persönlich engagierter Werbemanager kam nicht von der Öffentlichkeit sondern von den seit langem leidgeprüften Vertragshändlern für Chrysler-Plymouth und Dodge. Die Händler waren schon vor Iacoccas Übernahme in bedeutenden Marktbereichen stark unter Druck geraten. Iacocca sagte dazu: »Seit Jahren hatte ihnen das Werk nur Bruch geliefert und erwartet, daß sie dieses Zeug auch noch an den Mann brachten. Wer wird von den enttäuschten Händlern erwarten, daß sie attraktive Lizenzangebote der Japaner ablehnen und darauf vertrauen, daß die Chrysler-Führung eine Rettungsaktion startet und die Käufer dazu veranlassen würde, ›an Chrysler zu denken‹?«

Iacocca sprach regelmäßig bei Händlertagungen und Kongressen der regionalen und nationalen Händlerverbände. Durch seine Ausbildung als Lastwagenverkäufer in Allentown war er für die Pflege der Beziehungen zu den Händlern besser vorbereitet als die Finanz- und Produktionsexperten, die vor ihm bei Chrysler die Verantwortung hatten. Er fühlte sich in der »Händlersprache« zu Hause und hörte gut zu, wenn die Händler ihm Vorschläge unterbreiteten. Unter der Leitung von Riccardo und Townsend waren die Händler nicht so aufmerksam behandelt worden. Iacocca glaubte an starke Händler in wichtigen Marktpositionen, um die Chrysler-Wiedergeburt zu ermöglichen. Er behielt die Händler stets im Auge, als er die Finanzrettungsaktion leitete und das Chrysler-Produktangebot einschließlich der Mittelklassewagen, Sportwagen und neuen Miniwohnmobile wiederbelebte. Man konnte einen seiner alten Wahlsprüche uminterpretieren: »Die Symbole (Produkte) bedeuten nichts, wenn es keine Werte (Händler) gibt.«

Nachdem der Tiefstpunkt der 1982er Rezession überwunden

war, konnte es mit der Iacocca-Mannschaft nur noch bergauf gehen. Das Team um Bergmoser, Matthias und Laux löste sich langsam auf. Laux wurde als Vizepräsident für den Verkauf vom ehemaligen Verkaufs- und Marketingleiter bei Chrysler und Ford, John Naughton, ersetzt, der buchstäblich hunderte von Chrysler-Händlern kannte. Naughton wurde dann selbst das Opfer eines »Schocks«, als 1983 Bennett E. Bidwell, ein ehemaliger Verkaufsleiter bei Ford und bekannter Marketing-Experte, als Präsident von Hertz zurücktrat und als leitender Vizepräsident für Verkauf und Marketing zu Chrysler kam. Bidwell wurde im neuen vierköpfigen »Geschäftsführungsgremium« mit Iacocca, dem stellvertretenden Vorsitzenden Greenwald und dem Präsidenten Sperlich aufgenommen. Dieser Schritt empörte den aufgebrachten Naughton, den Iacocca über den Wechsel nicht informiert hatte.

Der kaltblütige Wechsel von Naughton zu Bidwell unterstrich einen negativen Aspekt von Iacoccas Charakter, obwohl Bidwell tatsächlich besser als Naughton in Iacoccas Mannschaft paßte. Der Skandal war Iacocca peinlich. In seiner Autobiographie erwähnt er keine Zeile über Naughtons Gastspiel bei Chrysler. Immerhin war es Naughton gelungen, viele verdrossene Dodge- und Chrysler-Plymouth-Händler wieder zum Konzern zurückzuführen und »so gut wie möglich durchzuhalten«.

Mit Chryslers Wiedergeburt wurden andere negative Züge in Iacoccas Führungsstil deutlich. Er liebt seine zwei Töchter; und der Tod seiner Frau Mary, die 1983 im Alter von siebenundfünfzig Jahren starb, hatte ihn tief erschüttert. Aber im Gegensatz zu GM oder Ford ist keine von Iacoccas dreißig Führungskräften weiblich. Iacocca kann keine zwanglose Beziehung zu Frauen finden, die in Unternehmensbereichen wie Produktion oder Marketing arbeiten.

Beim Durchsetzen seiner missionarischen Ziele kann Iacocca inkonsequent sein. Chrysler sollte nach seiner Meinung GM-

Toyota verklagen, die als Joint Venture Autos in Kalifornien bauen wollten. Diesen Prozeß hat er erst 1985 fallen gelassen, als Chrysler selbst ein Werk zusammen mit Mitsubishi in den USA aufbaute. Manchmal kann er seine Ideen wie ein Wahnsinniger durchsetzen. Dann ruft er Untergebene mitten in der Nacht oder am Wochenende an und verlangt eine Überprüfung und Neukonzipierung nach der anderen.

Iacocca kann aber auch vereinfachen. Beim Verkauf eines Dodge Daytona kann Vereinfachung das richtige Mittel sein. Aber im folgenden Abschnitt seiner Autobiographie wird der Leser an das Niveau eines Schülers aus der dritten Klasse erinnert: »Seit Eisenhower hat es in Amerika keine Führerpersönlichkeit gegeben, auf die wir uns verlassen konnten. Kennedy wurde erschossen. Johnson hat uns in einen Krieg hineingezogen. Nixon hat uns entehrt. Ford war nur ein ernannter Zwischenpräsident. Carter hatte gute Absichten, war aber nicht der richtige Mann zur richtigen Zeit. Reagan lebt in der Vergangenheit.«

Derartige Trommelschläge reduzieren den Ruf des Schreibers auf das Niveau eines altklugen Hellsehers. Aber sie unterstreichen Iacoccas Hang, in vielen Fragen die Form und nicht den Inhalt zu betonen. Heutzutage werden Stil und Form immer wichtiger. Sie können über Erfolg und Mißerfolg entscheiden. Während der letzten drei Jahre der Iacocca-Führung bei Chrysler hat sich eine andere amerikanische Weisheit erneut bewahrheitet: »Nichts ist erfolgreicher als der Erfolg – und nichts erfolgloser als der Mißerfolg.«

Ende 1982 konnte Chrysler zum ersten Mal seit fünf Jahren einen Gewinn im vierten Quartal verzeichnen. Die 1983er Modelle waren erschienen und mit ihnen die rentableren Versionen der K-Autos. Der Absatz kletterte in der Automobilbranche nach oben. Chrysler konnte im Geschäftsjahr 1982 immerhin 170 Millionen Dollar Gewinn buchen. 1983 gab es den bisher unübertroffenen Rekordgewinn von 701 Millionen. Nach Verlusten von 3,5 Milliarden Dollar zwischen 1978 bis 1981 stand nun endgültig fest, daß Chryslers Wiedergeburt und die Iacocca-Ära unzertrennlich miteinander verbunden waren.

Die Chrysler-Aktie schoß raketenhaft von 3 auf über 30 Dollar und erreichte 37 Dollar am 15. April 1985. Um die Wende zu feiern, verkaufte Iacocca im Frühjahr 1983 432 Millionen Chrysler-Aktien und verkündete dann etwas Unerhörtes: Er wollte die Regierungsaufsicht und die teuren Kredite loswerden und beschloß, den Gesamtbetrag von 1,2 Milliarden Dollar an Krediten vorzeitig zurückzuzahlen – *sieben Jahre* vor der Fälligkeit im Jahre 1990!

Er hörte nicht auf die Bedenken seiner Topmanager und glaubte fest, das Chrysler auch in Zukunft ohne ein sanftes Kreditkissen leben könnte.

Aber in Wirklichkeit war es der Vorsitzende leid, die Einmischungen der Kreditaufsicht zu tolerieren, die damals vom nicht gerade freundlich gesinnten Finanzminister Donald Regan geleitet wurde. Das Kreditkomitee hatte ein Büro in der Chrysler-Zentrale in Highland Park und war für den selbstsicheren Iacocca mehr Hindernis als Hilfe. Natürlich erkannte Iacocca auch die enorme positive Wirkung der Rückzahlung auf die Öffentlichkeit. Chrysler konnte endlich die 15 Prozent und mehr Zinszahlungen loswerden, die den Haushalt des Konzerns zu einer Zeit belasteten, als die Zinsen förmlich in den Himmel schossen.

Aber Regan bestand auf jedem Pfennig. Seine Haltung wurde als Reaktion auf Iacoccas wachsende Bindung zur Demokratischen Partei verstanden. Regan wollte, daß das Finanzministerium Optionsscheine im Werte von 14,4 Millionen, die die Kreditaufsicht 1980 von Chrysler erhielt, für nur 13 Dollar pro Aktie wieder kaufen sollte.

Iacocca forderte die Rückgabe der Optionsscheine. Er meinte,

Chrysler hätte schon astronomische Summen für die Bürgschaftskredite bezahlt. Bis dahin waren es 404 Millionen Dollar an Zinsen, 33 Millionen Verwaltungsgebühren, 67 Millionen für Anwälte und Investoren. Doch Regan machte sich stark. Im Sommer 1983 war die Chrysler-Aktie 30 Dollar wert, und Regan konnte sich einen derart schönen Gewinn nicht verkneifen.

Iacocca gibt ausnahmsweise einen Fehler zu: »Jeder nannte uns geizig. Vom Standpunkt der Öffentlichkeitsarbeit aus gesehen, war alles ein Disaster. Erst waren wir die großen Helden, weil wir den Kredit zurückgezahlt hatten, dann nannte man uns Landstreicher. Eine schmerzhafte Erfahrung.«

Chrysler bot eine Lösung auf Raten an: erst 120 Millionen, dann 187 Millionen und schließlich noch einmal 250 Millionen für die Optionsscheine. Doch Regan wollte den ganzen Gewinn von mehr als 300 Millionen zu Chryslers damaligem Börsenpreis. Schließlich mußte Chrysler die Optionen bei einer »Auktion« für 311 Millionen zurückkaufen, obwohl sich Iacocca persönlich an Präsident Reagan gewandt hatte. Iacocca denkt nur im Zorn an Reagan, dem er unterstellte, er wolle »den letzten Cent aus Chrysler herausprügeln«.

Dieser Zwischenfall belegt Iacoccas harten Willen und seine Haltung des Alles-oder-nichts. Er hätte etwas vorsichtiger sein sollen, da er einen mächtigen Minister kritisierte, der später zum höchsten Beamten im Weißen Haus aufsteigen sollte. Wie ein Untergebener, der sich seinem Vorgesetzten widersetzt, hat Iacocca damals Präsident Reagan angegriffen und gewettert: »Wo ich herkomme, wird jemand gefeuert, der vom Geschäftsführer eine Anweisung bekommt und sie nicht ausführt. Es ist unbegreiflich, wie dieser Kerl Donald Regan den Burschen Ronald Reagan beieinflussen konnte.« Eine Majestätsbeleidigung – und auch noch in schriftlicher Form!

Aber es gibt keinen Grund zur Sorge. Iacoccas Chrysler konnte den Schlag verkraften und steigerte Absatz und Gewinn 1984 auf neue Rekordhöhen – $ 19 573 000 000 und $ 2 380 000 000. Zu den neuen Wagen mit Vorderradantrieb gesellten sich 1985 zwei sportliche Limousinen, die auch vom K-Auto abstammten: Chryslers LeBaron GTS und der Dodge Lancer. Chrysler vereinbarte mit dem japanischen Partner Mitsubishi, amerikanische Kleinwagen als Joint Venture in einem Werk im Mittelwesten zu bauen.

Als Chrysler am 6. Juni 1985 den sechzigsten Geburtstag feierte, den viele vor wenigen Jahren noch in den Sternen sahen, wurde Iacocca vom Aufsichtsrat kräftig belohnt. Iacoccas Gehalt war 1984 von 475 308 Dollar auf 569 838 angehoben worden. 1983 erhielt er einen Bonus von 625 000 Dollar. Durch den Verkauf von Aktien gewann er 4,32 Millionen Dollar und wollte im Mai 1985 noch 5 bis 10 Millionen durch den Verkauf von 448 000 Aktien hinzufügen. Zusammen hat Iacocca 1984 ungefähr 13 Millionen Dollar bei Chrysler verdient.

Zusätzlich gab es 1985 einen Bonus. Außerdem sollte er die folgenden Aktiengeschenke und Optionen erhalten: 150 000 Chrysler-Aktien, wenn er bis zum 2. November bei Chrysler angestellt bleibt, 50 000 Aktien am 8. Dezember 1987 und zusätzliche 200 000 Aktien zum Preis von 27,94 Dollar pro Aktie.

Durch die Erfolge im Jahre 1984 verstärkte sich Iacoccas Ruf als Leiter einer der größten Rettungsmanöver in der Geschichte der amerikanischen Industrie. Bisher war es keinem so angeschlagenen und verzweifelten Unternehmen gelungen, einen derart steilen Wiederaufstieg zu bewerkstelligen. Das amerikanische System der freien Marktwirtschaft belohnt die Erfolgreichen. Iacocca war jetzt bereit, die harterworbenen Früchte seiner Wende mit den Kollegen zu teilen.

Am 17. Mai 1985 hatte Iacocca den Vorsitz bei der Aktionärsversammlung im kalifornischen Anaheim. Die Teilnehmer sahen

Chryslers neues »Leistungszentrum« für Autos mit moderner Technologie. Die *wirkliche* Leistung lag in Iacoccas Büro in Highland Park, Heimat eines Industriekapitäns, der noch zu Lebzeiten zur Legende werden sollte.

17. Ein Held wird geboren

Amerikaner lieben ihre Helden – Sportler, Generäle, Literaten, Filmstars und sogar Firmenstars. Doch in der Geschäftswelt hat es selten Helden gegeben. Ihre Zahl ist weitaus kleiner als die der Babe Ruths, Dwight Eisenhowers, Ernest Hemingways, Katherine Hepburns und John F. Kennedys. Alfred P. Sloan Jr., der die heutige Firmenstruktur von General Motors aufgebaut hat, war kein »Held« und zog die Sitzungssäle des Unternehmens der Öffentlichkeit vor. Nur Henry Ford und sein Enkel Henry Ford II wurden Vorbilder der Automobilbranche, die viele Außenstehende kannten und bewunderten. Bis Iacocca war kein Topmanager bei Chrysler berühmt geworden. Selbst der heutige GM-Vorsitzende Roger B. Smith sucht zwar die Öffentlichkeit, ist aber verhältnismäßig unbekannt, obwohl er 1984 dem »GM-Riesen« zu einem erstaunlichen Umsatz von 83,9 Milliarden und Rekordgewinnen von 4,5 Milliarden Dollar verhalf.

Wie wurde Iacocca zum Volksheld seiner Zeit? Viele andere totgeweihte Firmen sind wiederauferweckt oder völlig neu mit fehlerfreiem Ruf wiederaufgebaut worden. Aber wer, außer einem Firmenhistoriker oder Finanzanalytiker, interessiert sich heute für die Vorsitzenden von Texaco oder IBM? Die Zeitschrift *Fortune* nannte Iacocca »den berühmtesten und beliebtesten amerikanischen Geschäftsmann«. Welche Eigenschaften waren erforderlich, um den Sohn italienischer Einwanderer derart weit zu bringen?

Der effektive Einsatz von Kommunikationsmitteln und Public Relations gehört zum wichtigsten Bestandteil von Iacoccas Erfolgsrezept bei Chrysler. Die Tatsache, daß Chrysler am Boden lag, hat dem Image des Unternehmens nicht sehr geschadet – ein besonderer Grund, alles für den Wiederaufbau zu tun. Ein Verlierer, der zum Gewinner aufsteigt, genießt immer das Ansehen der Öffentlichkeit und verhilft dem fleißigen Aufsteiger zu magischen Kräften. Wenn Roger Smith oder Fords heutiger Vorsitzender, Donald F. Petersen, den sterbenden Chrysler-Konzern gerettet hätten, wären ihnen Applaus und Bewunderung sicher gewesen. Aber keiner wäre wie Iacocca zum Held erklärt worden. Iacocca verstand es, seine Persönlichkeit herauszustellen und gleichzeitig den Konzern zu retten.

Die Geschichte seiner Entlassung durch Henry Ford II vor Übernahme von Chrysler hat die Entstehung des Heldenbildes gefördert, aber an sich keinen Erfolg garantiert. Henry und Iacocca hatten fünfunddreißig Jahre lang mehr als ein Dutzend Spitzenmanager bei Ford hinausgesetzt. Viele übernahmen Führungspositionen in anderen wichtigen Organisationen – bei Bell and Howell, Firestone, der Weltbank, White Motor Company oder der betriebswirtschaftliche Fakultät der Stanford University. Aber Helden wurden sie nicht. Sie überlebten den Rausschmiß durch die Ford-Zentrale in Dearborn mit möglichst wenig Narben.

Allerdings hat auch keiner der ehemaligen Manager bei Ford ein Buch über seinen Aufstieg und Fall geschrieben. Man zog es vor, nicht aus der Schule zu plaudern. Aber man muß fairerweise berücksichtigen, daß Iacoccas autobiographischer Bestseller erst *nach* der erfolgreichen Wiedergeburt von Chrysler erschien. Iacoccas Buch teilte den Erfolg der »Lebensbeichte«, der auch dem entlassenen GM-Manager John Z. DeLorean mit dem Buch *On a Clear Day You Can See General Motors* von J. Patrick Wright zuteil wurde. In beiden Büchern wurden firmeninterne Intrigen und persönliche Horrorgeschichten eröffnet. Besonders beliebt bei Lesern, die gern erfahren, wie Spitzenkräfte erniedrigt werden, oder die gern neue Opfer finden möchten, um sich mit den Erniedrigten zu identifizieren.

Es wäre ein schwieriges Unterfangen, in Iacoccas oder DeLoreans Buch nach 100prozentiger Objektivität zu suchen. DeLorean, der nach seinem Abschied von GM ein eigenes Unternehmen gründete, schrieb die Memoiren als einen einseitigen Bericht über alles Böse, das ihm von GM angetan wurde. Iacocca überraschte viele, weil sein Buch auch nur die eine Seite der Medaille darstellt und vieles ausläßt. Schließlich war Iacocca 1984 zum Zeitpunkt der Veröffentlichung eine hoch angesehene und äußerst erfolgreiche Persönlichkeit. Aber auch er stellte ein starkes Ego zur Schau, das an Selbstgerechtigkeit grenzte.

Diese Zurschaustellung des eigenen Egos während der Chrysler-Jahre gibt Antwort auf die Frage: »Wie wurde er ein Firmensuperstar?« Ein bescheidener Geschäftsführer mit gewitzten Finanz- und Marketingmethoden hätte den Verlierer zum großen Gewinner machen können, aber er hätte nie die Anziehungskraft eines Iacocca gehabt, der durchschnittlich fünfhundert Briefe und Einladungen erhält. Roger Smith und Don Petersen erhalten keine Fan-Post in diesem Umfang, obwohl GM und Ford viel größer sind und viel mehr Autokunden, Aktionäre und Angestellte haben.

»Iacoccas Ruhm ist den Chrysler-Produkten sehr zugute gekommen«, meint James Tolley, Vizepräsident für Öffentlichkeitsarbeit bei Chrysler. Allerdings funktionierte das System auch anders herum, indem Iacocca die Chrysler-Produkte und den Aufstieg der Firma benutzte, um seinen eigenen Namen ins

Rampenlicht zu rücken. Der Chauffeur brauchte das Fahrzeug ebenso wie das Fahrzeug den Chauffeur. Und beide profitierten von einander.

Da Iacocca von einem anderen Superstar der Automobilindustrie, Henry Ford II, zutiefst gekränkt worden war, machte er sich bei Chrysler keine Illusionen über die Zuverlässigkeit oder den tatsächlichen Einfluß von Spitzenmanagern, Politikern oder Volkshelden. Er hatte zu viele Idole mit Dreck am Stecken kennengelernt. Aber die Rettungsaktion bei Chrysler machte ihn zum Helden, ohne daß er vielleicht ursprünglich die Absicht hatte, Volksheld zu werden. Gleichzeitig zeigte er allen, wie ein Topmanager die Kommunikationsmittel richtig einsetzen kann, um sowohl dem Unternehmen als auch sich selbst zu nutzen.

Es gehört zur grundsätzlichen Unternehmenspolitik, wenn der Vorsitzende eines Großkonzerns so tief in die Tagespolitik verwickelt wird, daß die *Zeitung USA Today* eine Schlagzeile auf Seite 1 mit folgenden Worten abfaßt: »Iacocca gegen Reagan wegen der Autoquoten.«

Oder sollten die Aufsichtsratsmitglieder derartige Konfrontationen abblasen? Man weiß, daß es sich für keine Firma bezahlt macht, das Rathaus zum Feind zu haben. Noch schlechter ginge es dem drittgrößten Autokonzern in einem heftig umkämpften Markt.

In Fragen der Politik hat Iacocca stets seine eigene Meinung durchgesetzt. Immer wieder hat er sich mit Präsident Reagan und dessen Ministern angelegt. Mit Iacocca-typischer Offenheit hat er die Politik der Reagan-Regierung gegenüber Japans »freiwilligen« Exportquoten für die Vereinigten Staaten angegriffen, das wachsende Haushaltsdefizit kritisiert, das Fehlen einer nationalen Energiepolitik beklagt und die »Heuchelei« der Republikaner und Demokraten angegriffen, die sich gegen Chrysler-Bürgschaften aussprachen und gleichzeitig Rettungsaktionen für Penn Central,

Lockheed oder die Stadt New York unterstützten und Subventionen für Farmer und Veteranen forderten.

Eine Reihe von Beobachtern der Unternehmensszene und einige externe Aufsichtsratsmitglieder haben sich gefragt, ob Iacoccas ständige Konfrontationen dem Konzern langfristig nützen werden. »Lee ist Lee, und er wird immer Schlagzeilen machen, entweder als Held oder als Streithammel«, sagt ein externes Aufsichtsratsmitglied, der auf seiner Anonymität bestand. »Doch manchmal habe ich meine Zweifel, ob es wirklich im Sinne von Chrysler ist, wenn sich der Vorsitzende ständig in den Medien gegen einen Präsidenten ausspricht, der zweimal mit überwältigender Mehrheit gewählt wurde. Ich meine, ein Unternehmensführer sollte den Regierungschef nicht so heftig angreifen. Die Regierung hat Macht, uns allen ganz schön an den Kragen zu gehen.«

Als es am 31. März 1985 darum ging, die japanischen Autoquoten um ein fünftes Jahr zu verlängern, waren Iacocca und der stellvertretenden Vorsitzende Gerald Greenwald die Anführer einer Bewegung in der Autoindustrie, die die Quoten beibehalten wollte. Inzwischen hatte sich jedoch das Weiße Haus gegen neue Einschränkungen ausgesprochen. Greenwald warnte, daß die Abschaffung der Quoten großen Schaden hervorrufen könnte. 1984–85 hatte man die Einfuhr japanischer Autos auf 1 850 000 beschränken können. Ohne die Quoten könnten die Lieferungen aus Japan so stark zunehmen, daß bis zu 750 000 Amerikaner ihren Job verlieren würden.

Sollten die Quoten abgeschafft werden, drohte Iacocca damit, Chryslers Kleinwagenproduktion ins Ausland zu verlegen. Er behauptete frech, Chrysler müsse sich gründlich überlegen, ob man die neuen Kleinwagen mit den K-Karosserien, die den Dodge Omni und Plymouth Horizon ersetzen sollten, weiterhin in Belvidere in Illinois oder lieber in Asien oder Mexiko bauen sollte. Die Quoten wurden dann zum Entsetzen der japanischen Regierung für 1984–86 um 24,3 Prozent angehoben. Dadurch sah sich Chrysler veranlaßt, die P-Auto-Produktion von Belvidere in das moderne Werk von Sterling Heights im Bundesstaat Michigan zu verlegen.

Der Kampf um die Quoten war sicherlich eine ernste Angelegenheit für Chrysler und die amerikanischen Automobilproduzenten. Aber er brüskierte das Weiße Haus, wo man sich jetzt daran erinnerte, daß Iacocca 1984 als demokratischer Präsidentschaftskandidat im Gespräch war und kurz von Walter Mondale als Bewerber um den Posten des Vizepräsidenten berücksichtigt worden war. Iacocca hat stets politische Ambitionen bestritten. Er wurde kein Kandidat für den zweiten Posten der Demokratischen Partei. Jedoch haben geheime Umfragen vor der Wahl von Geraldine Ferraro einen überraschend hohen Prozentsatz für Iacocca festgestellt.

Bei Ford und American Motors stellten sich die Manager hinter Chryslers Forderung nach einer Quotenerweiterung. General Motors wollte noch mehr Kleinwagen von den japanischen Partnern Isuzu und Suzuki einführen und sprach sich für eine Abschaffung oder drastische Erhöhung der Quoten aus. Doch Iacoccas Name wurde am meisten mit dem Kampf um die Quoten in Verbindung gebracht.

Die Quotenfrage konnte sich in eine persönliche Auseinandersetzung »Iacocca gegen Reagan« verwandeln. Eine derartige Entwicklung könnte für Chrysler gefährlich werden. Insider in Washington berichteten, daß Reagan verärgert war. Er nahm Iacocca den »Flirt« mit Walter Mondale übel und verzieh ihm nicht die ständigen Angriffe gegen das Haushaltsdefizit. Man sagte, Reagan würde sich aus Rache gegen Iacocca und aus philosophischen Bedenken wegen des marktwirtschaftlichen Prinzips gegen die Quoten aussprechen. Mit anderen Worten: Iacocca müßte die

Konsequenzen tragen, die nach Aufhebung der Quoten aus Japan auf das Land zukommen würden.

Persönliche Vorurteile sind oft der Grund für politische Entscheidungen. Aber der Chrysler-Vorsitzende kann sich einmal erheblich in den Finger schneiden, wenn er weiterhin so deutlich gegen einen Präsidenten vorgeht, der starke Überzeugungen vertritt und einen großen Wählerstamm hinter sich weiß. Das Forum eines großen Autokonzerns hat sicher geholfen, aus Iacocca einen Star zu machen; aber man fragt sich, ob es der richtige Ort sei, um politische Kreuzzüge ins Leben zu rufen.

Selbst gegenüber Chryslers eigenem Lieferanten von Kleinwagen, dem japanischen Konzern Mitsubishi, hat Iacocca kein Blatt vor den Mund genommen. Der von Mitsubishi gebaute Kleinwagen Colt hat Chrysler und den Händlern während der letzten fünfzehn Jahre zu beachtlichem Umsatz und Gewinn verholfen. Der Colt war immer für unerwartete Gewinne gut, wenn Chrysler keinen eigenen Kleinwagen hatte oder die Absatzlage schlecht war. Der japanische Automobilkonzern hat seine eigene Importorganisation in den Vereinigten Staaten aufgebaut und den Conquest Sportwagen, Kleintransporter und den Vista Siebensitzer-Kombiwagen an Chrysler geliefert. Außerdem hat Chrysler Mitsubishi mit der Entwicklung eines kleinen und dringend gebrauchten V-6-Motors beauftragt. Man wollte den Käufern von mehr Pferdestärken eine Alternative zu Chryslers altbewährten Klein- und Mittelklasseautos mit Vorderradantrieb anbieten.

Im April 1984 gab Iacocca dem Nachrichtenmagazin *U.S. News & World Report* ein Interview, in dem er die Handelsvorteile der Japaner gegenüber den USA angriff. Die Teile des Interviews, die sich mit der »japanischen Frage« befassen, enthüllen mehr als die Meinung eines kurzsichtigen amerikanischen Autoproduzenten, der sich gegen die Konkurrenz von Übersee wehrt. Iacoccas Stil ist nicht nur sachlich, sondern auch überzeugend:

A: Wir müssen uns klar werden, was Freihandel überhaupt bedeutet. Und wir müssen das Spielfeld aufräumen, das heißt, wir müssen konkurrenzfähig sein.

Nicht jeder hat es bisher verstanden, daß wir durch eine Gesamtinvestition von 80 Milliarden Dollar die Autoindustrie 1985 sehr konkurrenzfähig gemacht haben. Unser eigenes Werk in Windsor (Ontario), das uns 700 Millionen Dollar gekostet hat und wo die T-115 Miniwohnmobile gebaut werden, ist so modern, daß die Japaner mit ihren Kameras zu uns kommen und uns nachahmen wollen.

Wir müssen versuchen, 600 Dollar pro Auto an Kosten zu sparen. Davon ist die Hälfte Arbeitslohn, den die Japaner nicht so reichlich austeilen wie wir. Die andere Hälfte besteht aus Mängeln, die noch im System liegen. Ein Großteil der Lohnkosten wird für die Krankenversicherung aufgebracht, die an sich schon 600 Dollar pro Auto kostet.

Was die Systemmängel betrifft: Es gibt noch schlechte Arbeitsvorschriften, lahme Angestellte, heruntergekommene Werkanlagen, langsamen Materialfluß – man kann es auch dummes Management nennen, wenn Sie wollen.

F: Wenn Sie so konkurrenzfähig sind, warum die Sorge wegen der Japaner?

A: Ich mache mir Sorgen, weil wir viel Geld investieren und zusammen mit der Gewerkschaft Kosten senken – und dann kann es sich herausstellen, daß wir immer noch 1 500 Dollar pro Auto über dem Preis der Japaner liegen.

F: Warum?

A: Weil wir über politische Fragen sprechen, auf die ich als Geschäftsmann keinen Einfluß habe. Da ist zum Beispiel der Wechselkurs des Yen. Kein Experte der Welt würde bezweifeln, daß der Yen gegenüber dem Dollar unterbewertet ist. Beim Preisvergleich zwischen einem Toyota und einem Chrysler müssen wir dann die Last von 1 000 Dollar pro Wagen tragen.

Jetzt sagt man uns, daß der Yen wegen der Dollarstärke unterbewertet ist. Der Dollar soll aufgrund der hohen Zinsen so stark sein. Aber der Wechselkurs blieb bei 230 Yen, als die US-Zinsen von 10 auf 22 Prozent und zurück auf 10 Prozent schwankten. Die Japaner manipulieren den Yen, um ihn unterbewertet zu halten. (Anmerkung: Der Wechselkurs war Ende Februar auf 260 Yen zum Dollar angestiegen.)

Ein weiterer Nachteil im Vergleich zu den Japanern trifft uns, weil wir der Regierung Einkommensteuer zahlen müssen, die Japaner brauchen ihrer Regierung nur Mehrwertsteuer zu zahlen. Allerdings wird die Mehrwertsteuer zurückerstattet, wenn das Auto exportiert wird.

Der gleiche Toyota kann somit der Hausfrau in Tokyo 9 000 Dollar kosten, aber in San Francisco kostet er nur 8 000. Noch ein Nachteil für uns.

Warum verbringe ich so viel Zeit in Washington? Ich habe keine Absicht, mich als vorbildlicher Staatsbürger hervorzutun oder die große Lippe zu riskieren. Irgendwann kommt man zur Überzeugung, daß diese Grundprobleme gelöst werden müssen, wenn die US-Autoindustrie auf Weltniveau bleiben will.

F: Was sollte die Regierung bezüglich des Handels mit Japan unternehmen?

A: Diese Regierung und der Kongreß erhielten 1984 zwei skandalöse Zensuren – ein 200 Milliarden Dollar Haushaltsdefizit und ein 100 Milliarden Handelsdefizit, das mit dem Haushaltsdefizit zusammenhängt. Haben wir etwa eine nationale Politik, die den Mittelwesten über Nacht zur Wüste reduzieren soll? Wir liefern billige Sojabohnen, Kohle, Baumwolle und preiswerten Weizen und Mais nach Japan – und die Japaner schicken uns teure

Autos, Motorräder, Fernseher und Ölbohrgeräte. Wir sind wieder im Jahre 1776, und Amerika ist eine Kolonie, diesmal eine japanische Kolonie.

Wir könnten hart werden. Die Länder der europäischen Wirtschaftsgemeinschaft diskutieren nicht lange über Freihandel. Die Engländer beschränken die japanische Autoeinfuhr auf 10 Prozent, die Franzosen auf 3 Prozent. In Italien gibt es nur 2 000 japanische Autos pro Jahr. Alle sagen: »Es ist unser Land, es sind unsere Arbeitsplätze. Wir wollen keine sozialen Probleme. Vielleicht zahlen unsere Verbraucher etwas mehr, aber sie würden weitaus mehr für Arbeitslosenunterstützung bezahlen.«

F: Ist es nicht peinlich zu sagen, die Japaner sollen weniger exportieren, wenn die Autokonzerne in diesem Jahr bis zu 10 Milliarden Dollar Gewinn machen können? (Anmerkung: Die drei großen Konzerne machten Gewinne von 9 802 000 000 Dollar. Davon fielen 4 516 000 000 auf GM, 2 906 000 000 auf Ford und 2 380 000 000 auf Chrysler.)

A: Der Durchschnittsamerikaner sieht die großen Gewinne bei Chrysler und sagt: »Warum senken die Konzerne nicht die Preise oder hören auf zu meckern?« Ich wünsche, es wäre alles so einfach.

Ich bin seit fünf Jahren bei Chrysler. Seitdem haben wir 3,5 Milliarden Dollar Verluste gehabt und in den letzten neun Monaten 900 Millionen Gewinne eingenommen. Ich bin immer noch mit 2,6 Milliarden in der Kreide. Ich brauche mehr Luft. Wenn Sie mir neun Quartale mit 350 Millionen Dollar Gewinn garantieren, werde ich mich nicht mehr um die Importbeschränkungen kümmern.

So sehen Pferderennen aus. Man kann nicht behaupten, daß es einem schlecht geht, wenn Gewinne in Milliardenhöhe verzeichnet werden. Vielleicht macht Chrysler auch einmal Milliarden – wer weiß?

Im Gegensatz zu Iacoccas hartem Schlagabtausch mit vereinfachten Floskeln wie »Amerika ist wieder eine Kolonie«, hat sein Counterpart bei Ford, Philip Caldwell, das gleiche mit feineren Worten gesagt. In einem Interview mit der Zeitschrift *Fortune* vom 4. März 1985 behauptet Caldwell: »Wenn wir auf dem gleichen Spielfeld wären, und den Ausdruck gebrauche ich nur ungern, dann wäre alles anders. Aber wir haben keine gleichen Startbedingungen, und bis wir so weit sind, müssen wir Schritte unternehmen, die wir eigentlich nicht wollen... Wir könnten leicht ein Handelsdefizit von 27 bis 28 Milliarden Dollar in der Autoindustrie allein haben. Wir leben über unsere Verhältnisse hinaus. Wir können nicht mit Gütern bezahlen, die wir verkaufen können.«

Als Pragmatist war es Iacocca gelungen, Chrysler in eine Position zu lavieren, die ein Überleben der japanischen Importquoten ermöglichte. Er senkte die Ertragsschwelle von 2,4 Millionen Autos im Jahre 1980 auf 1,1 Millionen im Jahre 1984.

»Am Tiefstpunkt einer normalen zyklischen Rezession werden wir wenigstens die Rentabilitätsschwelle erreichen«, meint er. »Aber langfristig bin ich nicht im Geschäft, um an der Ertragsschwelle zu leben. Wir sind somit nach Übersee gegangen, um uns einige Autos zu holen.« Zur Zeit importiert Chrysler nur 7 Prozent der Wagen aus Übersee.

»Wir sehen in Korea eine mögliche Quelle. Vielleicht gehen wir auch nach Mexiko. Durch die moderne Technologie werden wir immer produktiver und leistungsfähiger. Und wir werden die sozialen Zusatzzahlungen von 12,50 Dollar die Stunde für jeden Arbeiter beschneiden, besonders die Krankenversicherungsleistungen. In Europa werden wir vielleicht Partner für Joint Ventures finden.«

Durch den Kampf gegen die japanischen Importwagen hat sich Iacocca zweifellos »Luft« für das eigene Comeback geschaffen.

Allerdings hat seine oft zügellose Leidenschaft so manches Machtzentrum verärgert, nicht zuletzt das Weiße Haus, die Japaner (einschließlich dem Chrysler-Partner Mitsubishi) und die Spitzenmanager von General Motors, Feinde der Importquoten und Lieferanten so mancher wichtiger Autoteile für Chrysler.

Doch das waren die Risiken eines umstrittenen Konzernführers. Als Chrysler Iacoccas Hilfe und Werbewirkung brauchte, hatte er nichts zu verlieren. Die Feinde, die er sich auf dem Kreuzzug gemacht hat, werden ihm vielleicht bei der nächsten Krise noch nicht verziehen haben.

18. »Der ganze Schub eines Rennautos«

»Man soll einen Kunden oder potentiellen Kunden nicht kritisieren.« Dieser Leitsatz prägt das Verhalten amerikanischer Führungskräfte. Um dem Prinzip treu zu bleiben, bewahren sie den Anschein von politischer Neutralität. Allerdings hat sich die große Mehrheit privat für die Republikaner entschieden. Ausnahmen gibt es bei Rezessionen und im Krieg. Und so stand es auch um Iacoccas politische Meinung, als er Präsident von Ford war: unpolitisch bei öffentlichen Erklärungen, liberal-republikanisch in der persönlichen Meinung.

Bei seinem Aufstieg zum Vorsitz des Chrysler-Konzerns änderte sich Iacoccas politische Haltung radikal. Er war nie ein Freund des politischen Willensbildungsprozesses, den er für zu langsam hielt. Doch zum ersten Mal in seinem Leben war er nun gezwungen, an diesem Verfahren als intimer Mitspieler teilzunehmen. Er brauchte die staatlichen Bürgschaften, um Chrysler vor dem Zusammenbruch zu retten. Seitdem hat er sich entschlossen, nicht nur in Fragen der Automobilindustrie sondern auch bei allgemeinen nationalen Fragen ein politisches Wort mitzureden. Es war ihm dabei egal, ob seine Meinung den potentiellen Kunden in der Reagan-Regierung gefiel oder nicht.

Man kann sich darüber streiten, ob Iacoccas Offenheit ein Vorbild für andere Konzernführer sein sollte. Immerhin hat die

Regierung sehr viel Macht. Iacoccas Image als furchtlose, ehrliche und harte Kämpfernatur wurde durch seine politischen Äußerungen nur noch verstärkt. Somit erhielt die Öffentlichkeit ein ausgewogenes Bild von einem Produktverkäufer und gleichzeitig politisch engagierten »Führer«.

Iacocca spricht wie ein Maschinengewehr. Die Sätze werden herausgeschossen, ohne daß er sich viel um Straßenjargon oder etwas leichtere Kraftworte besorgt. Er gebraucht die Fürwörter »ich« und »wir« sehr oft. Seine Gegner werden namentlich angegriffen, wobei er sich nicht scheut, Präsident Reagan oder den demokratischen Senator William Proxmire beim Namen zu nennen.

Er ist nicht immun gegenüber patriotischen oder idealistischen Gefühlen. Er erzählt nur wenige Witze und gehört somit zu den wenigen Konzernführern, die ihre Zuhörer im Stile eines Kasernenhoffeldwebels mitreißen können. Fragen aus dem Publikum und von den Medien kann er gut und umfassend beantworten, wobei die Antworten manchmal übertrieben lang werden.

Es folgt eine Sammlung von Antworten und Gedanken, die Iacocca während seiner neununddreißigjährigen Karriere formuliert hat. Dabei soll der Sprachstil eines Spitzenmanagers dargestellt werden, dessen Bild auf dem Umschlag von *Time* nicht weniger als viermal erschienen ist.

Über die Forderungen der Automobilgewerkschaft bei Ford im Jahre 1970:

»Warum soll gerade ich etwas darüber sagen, was wir in diesem Lande produzieren?... Ich verstehe nicht, warum einige Burschen so wenig von Disziplin halten. Vielleicht sind sie zu jung. . . . Ich verstehe nicht, warum man sich nicht an die Arbeitsordnung halten kann, wie z.B. das pünktliche Erscheinen am Arbeitsplatz um acht Uhr. Ein mieser Typ kommt erst um 8:40 Uhr an. Man fragt ihn: ›Hab' ich Ihnen nicht gesagt, Sie sollen schon um acht

Uhr kommen?‹ Und so schwört man: ›Ich werde dem Bastard schon Disziplin beibringen.‹ Für ihn gibt es keine Disziplin, sonst wäre er schon um acht Uhr gekommen.

Vorschriften taugen nichts. Man sagt sich: ›Ja, wir werden den alten amerikanischen Trick einsetzen – die Belohnung. Wir zahlen ihm etwas, wenn er pünktlich zur Arbeit kommt.‹ Aber dann kommt er fünf Tage hintereinander nicht pünktlich. Wenn wir ihm mehr zahlen, kommt er vielleicht an drei anstatt vier Tagen pünktlich zur Arbeit.«

Über den abgebrochenen Versuch, Ford mit Chrysler zu fusionieren:

»Nein, jetzt können wir es nicht schaffen. Sie erlauben es uns nicht. Ich glaube, das Gesetz ist gegen uns. Es gab wohl nur eine Gesetzeslücke, und die ist jetzt geschlossen.

Wenn Toyota und GM sich zusammentun, wird das Kartellrecht gestreckt. Aber wenn Ford und Chrysler zusammengehen, gibt es noch mehr Konkurrenz, nicht weniger, und das würde den Verkauf belasten.

Ich versuche objektiv zu sein, da ich beide Unternehmen gut kenne. Es wäre zu schön gewesen. Das Kartell wäre über Nacht fast so groß wie General Motors. Größer als GM in Mexiko und in Kanada ... einfach super!«

Über seinen Entschluß, zu Chrysler zu gehen und seine Meinung über den früheren Arbeitgeber Ford:

»Meinen Rausschmiß hat es nur einmal gegeben. Das werde ich dem Bastard nie verzeihen. Als ich hierher kam, wußte ich nicht, wie schlimm es aussah. Es gab Nächte in denen ich bezweifelte, daß wir es schaffen würden...

Ich kann Henry Ford in die Augen schauen und sagen: Ich habe einen besseren Autokonzern mit besseren Produkten als Du aufgebaut. ... Bei Ford gab es das von Gott gegebene Recht des Königs. Die Leute fühlten sich als etwas noch besseres als die

WASPs (weiße angelsächsische Protestanten). Die wollten selbst gesellschaftlich nichts mit Dir zu tun haben. Man konnte für sie Geld produzieren, aber man mußte ihnen aus dem Weg gehen. Ich mußte kämpfen. Keiner würde sagen: ›Da ist ein netter italienischer Junge – ich werde ihm einmal helfen.‹

An die Führer der Demokratischen Partei:

»Wo ist die Reinheit unserer Ideologie? Sie können über die Republikaner sagen, was sie wollen, aber sie sind ideologisch rein. Ihr seid wie der Chrysler-Konzern der amerikanischen Politik.

Wofür setzt Ihr Euch denn ein? Zunächst für Euren Wahlkreis und dann für das Land – oder ist es anders herum? Millionen von Arbeitsplätzen werden hier vernichtet. Zur Zeit kämpfen viele von Euch gegeneinander anstatt den Präsidenten zu bekämpfen.

. . . Ich habe gerade einen Gewinn von 2,4 Milliarden (1984) verzeichnet. Ich lach mich halb tot. Aber im Innern weine ich, weil man mich bezahlt, um drei oder vier Jahre vorauszusehen. Und was ich da sehe, gefällt mir nicht.«

Über die Zukunft der Autoindustrie:

»Wenn ich mich frage, wie ich im Autogeschäft vorausplanen kann, fragt man mich: ›Was kostet das Benzin?‹ ›Irgendwas zwischen 80 Pfennig und 2,50 DM pro Liter.‹ Aber es handelt sich um unser eigenes Blut. Wie steht es um die Zinsen, unser zweitwichtigstes Organ? ›Irgendwo zwischen 10 und 20 Prozent.‹

Ich sage: ›Leute, Ihr müßt mir etwas Genaueres geben, so kann ich doch nicht planen. Diese beiden Faktoren können viel zu sehr hin und herpendeln.‹ Schließlich fragt man mich: ›Wie groß ist Dein Geschäft?‹ – und ich sage: ›Irgendwo zwischen fünf und zehn Millionen Autos!‹

Schließlich habe ich vier Werke mit 20 000 Leuten – das sind zu viele bei derartigen Unsicherheiten.«

Über den Bankenzentralrat:

»Ich habe mal einen Bundesgeschäftsrat vorgeschlagen. Der

Bankenzentralrat entscheidet über unser Schicksal. Er besteht nur aus Bankern. Es gibt keinen Geschäftsmann im Bankenzentralrat.«

Über die Größe von General Motors:

»Ich wünschte, in der Haut von GM stecken zu können. Die brauchen sich nicht um Kleinwagen zu sorgen, da sie 85 Prozent des Großwagen- und Limousinenmarktes beherrschen. Dort sind die großen Gewinnspannen. GM kann den Markt pflegen, ohne sich um die Lohnkosten zu kümmern. Ford und Chrysler sehen dann aus wie die Wurst im Sandwich – auf der einen Seite GM mit den großen Autos auf der anderen Seite die uneingeschränkten Importe mit den Kostenvorteilen.«

Über Japans Handel mit den Vereinigten Staaten:

»Ich bin kein Kommunist, Leute, aber es ist nicht Rußland, das sich meinen Produkten und den meisten Gütern unseres Landes entzieht, sondern Japan. Unser Freund. Während wir Raketen im Garten vor dem Haus gegen unseren Feind aufstapeln, besetzt unser Freund den Garten hinterm Haus.«

Über die Möglichkeit, Präsident der USA zu werden:

»Ich würde einen sehr schlechten Präsidenten abgeben. Nicht daß ich eine zu kurze Leitung hätte. Aber ich kann die Dinge nicht zu Tode reden und dann Kompromisse eingehen. Ich würde nur Schwierigkeiten haben.«

Im Mai 1984 bei einer Tagung des Verbandes weiblicher Wähler in Detroit:

»Diese Stadt ist sprichwörtlich in den letzten 18 Monaten aus der Asche wiederauferstanden, und wir sind alle stolz und dankbar. Bei Chrysler sind wir besonders stolz. Wir hatten den Tod im Nacken. *The Wall Street Journal* und andere hatten gemeint, wir sollten ›mit Würde sterben‹. Wir haben uns dagegen gewehrt.

Daß wir den Friedhof hinter uns lassen konnten, verdanken wir den Bemühungen vieler einfacher Leute: unseren Lieferanten,

Banken, Händlern, Angestellten, Städten, Bundesstaaten und der Bundesregierung. Aber die meiste Unterstützung kam vom guten Willen der amerikanischen Bevölkerung. Sie hatten eine Wahlmöglichkeit und entschied sich für die Rettung unseres Unternehmens. Sie retteten viele Arbeitsplätze, indem sie unsere Produkte kauften und dadurch ihr Vertrauen in ein Werk setzten, das vielleicht nicht überleben würde.«

Über Kritiker am staatlichen Kreditbürgschaftsprogramm:

Der damalige republikanische Kongreßabgeordnete David Stockman und einziger Abgeordnete aus Michigan, der gegen das Bürgschaftsgesetzt stimmte: »Früher hat er einmal Theologie studiert, aber er hat wohl gerade die Uni geschwänzt, als sie über Mitleid sprachen.« (Später wurde Stockman Präsident Reagans Haushaltsdirektor.)

Der Roundtable der Geschäftswelt: »Diese Leute sind angeblich die Elite der Geschäftswelt unseres Landes. Aber sie sind ein Haufen von Heuchlern. Die Gruppe wurde von einigen Kerlen in der Stahlbranche gegründet, deren Hauptziel es war, die Regierung auszutricksen. Wo ward ihr, als Kreditbürgschaften für Stahlkonzerne, Werften und Luftfahrtgesellschaften zur Verfügung standen?«

Über den mächtigen Abgeordneten Henry Reuss, der damalige Vorsitzende des Kongreßausschusses für die Bankenaufsicht: »Einmal hat er vorgeschlagen, daß Chrysler Eisenbahnwagen produzieren sollte. Wir konnten unsere eigenen Werke kaum in Gang halten, und dieser Kerl meinte, wir sollten völlig andere Fahrzeuge bauen.«

Über die nächste Generation amerikanischer Jugendlicher und deren Zukunft:

»Man hat gesagt, daß unsere Jugendlichen zur ersten Generation von Amerikanern gehören soll, die weniger als ihre Eltern haben werden. Ich bete zu Gott, daß die jungen Leute nicht an sowas glauben. Aber ich kann mir vorstellen, wie es geschehen könnte.«

»Betrachten Sie einmal die öffentlichen Schulden, die wir ihnen überlassen. Wir zahlen für unser Leben heute, indem wir ihre Zukunft mit Hypotheken belasten. Unsere Eltern haben nichts derartiges getan. Und sie würden sich für *uns* schämen, wenn wir so etwas *unseren Kindern* antun.«

Und schließlich antwortete er auf die Frage, wie er »einer der am meistbewunderten amerikanischen Wirtschaftsführer werden konnte, wenn allgemein die Konzernchefs keinen guten Ruf genießen«.

»Die Leute sind gern auf der Seite des Unterlegenen. Diese Haltung appelliert an die Grundwerte – man ist sozusagen von den Toten auferstanden, man hat durchgehalten. Ich erhalte ständig Briefe, in denen deutlich gesagt wird: ›Ich hätte den Konkurs angemeldet. Aber Sie haben es nicht getan. Deshalb habe ich mich auf Ihre Seite geschlagen, etwas härter gearbeitet und mich mit nach oben durchgerungen.‹

Ich glaube, die Leute identifizieren sich mit meinem Versuch, Chrysler vor dem Abgrund zu bewahren...

Es war die Hölle, uns bis an diesen Punkt heraufzubringen. Jetzt haben wir hervorragende Produkte, und es macht Spaß, sie so gut wie möglich zu gestalten.«

Iacocca war nicht der erste Konzernchef mit einer derart offenen Sprache. Aber seine ungezügelte Aufrichtigkeit und Wahrheitsliebe sind seit langem unübertroffen. Der Bewunderer Leo Kelmenson, Präsident der Chrysler-Werbeagentur Kenyon & Eckhardt, hat Iacocca einen »tiefgründigen« Führer genannt, »absolut einer Sache verschrieben, die er sich in den Kopf gesetzt hat. Er findet ein Ziel und marschiert darauf los. Wer sich in seinen Weg stellt, wird wie von einem Panzer überrollt.«

Ein etwas objektiverer Beobachter, der Schriftsteller Gail

Sheedy, findet Iacocca »genetisch zur Zurückhaltung unfähig. Er hat den ganzen Schub eines Rennautos.«

Wenn es zutrifft, daß die Hälfte der Schlacht schon gewonnen ist, wenn man überhaupt gehört wird und die andere Hälfte der Schlacht daraus besteht, daß einem geglaubt wird, dann steht es 10:0 für Iacocca bei der Verfolgung seines Hauptziels: die Rettung und Wiederbelebung von Chrysler.

19. Die Änderungen bei Ford N.I. (»nach Iacocca«)

Lee Iacoccas Vorliebe für vierteljährliche Leistungsprüfungen der Angestellten war von vielen, die das System erdulden mußten, als »Unternehmensführung durch Angst« bezeichnet worden. Das System wurde von den Leuten bei Ford verändert, die nach Iacoccas Abgang die Firmenleitung übernahmen.

Der gegenwärtige Vorsitzende, Donald E. Petersen, ist ein unsentimentaler Geschäftsführer mit einer Abneigung gegen teure Überschneidungen oder Ämterhäufungen unter den Vizepräsidenten und leitenden Angestellten. Als Diplombetriebswirt der Stanford University glaubt er, es müsse bessere Lösungen geben als den periodischen Peitschenknall des Bosses über seinen Untergebenen.

Der Unterschied zwischen Petersens Methode und Iacoccas Vorstellungen liegt in philosophischen und persönlichen Neigungen. Als Präsident unter Philip Caldwell verglich Petersen Iacoccas Unternehmensführungsmethoden mit den »alten Formen und verkrusteten Vorstellungen« der Autoindustrie. Der innovationsfreudige Petersen überholte das Styling der Ford-Autos, indem er den beliebten »Kasten« in ein Auto mit aerodynamischen Kurven verwandelte. Gleichzeitig forderte er eine gründliche Umgestaltung des Managementsystems.

Petersen war auch bereit, von den japanischen Managementmethoden zu lernen. Was er von den Japanern lernte, sagt er, »hat viel mit Menschen zu tun... Wenn wir etwas von Japan lernen wollen, so betrifft es unseren Umgang mit Menschen.« Er betont, daß »sich Ford heute verändert, und daß wir dabei unser eigenes Buch über Management schreiben«.

Iacocca hat kein Geheimnis daraus gemacht, daß Caldwell und Petersen nichts im Vergleich dazu erreicht haben, was geschehen wäre, wenn er 1980 Vorsitzender geworden wäre, als Henry Ford II in den Ruhestand ging. Er ist fest davon überzeugt, daß Chrysler eingegangen wäre, wenn er nicht das Personal ausgetauscht und nicht den Überlebenden bei Chrysler die strengen Kontrollen auferlegt hätte.

Ford nahm die Herausforderung der 80er Rezession an und überwand den moralischen Schock, den die Überläufer zu Chrysler bei Ford auslösten. Fords Stärke basierte zum großen Teil auf den Führungseigenschaften von Petersen, der als Diplombetriebswirt in die Fußstapfen prominenter Ford-Präsidenten wie Robert McNamara und Arjay Miller trat.

Petersen hatte zur wichtigsten Aufgabe erklärt, die »künstlichen Schranken« zwischen der Geschäftsführung und den Arbeitnehmern auf allen Ebenen zu beseitigen. Iacocca hat dieses Problem auf seine Weise gelöst. Er nahm den Präsidenten der Automobilgewerkschaft, Douglas Fraser, in seinen Aufsichtsrat. Diese Taktik hat auf ihre Art entsprechend gewirkt. Petersen versuchte, seine Annäherung bis in die Fabriken hinein zu ermöglichen und entsandte Gewerkschaftler und Vorarbeiter »nach drüben«, um die japanischen Fertigungstechniken zu studieren. In vielen Fabriken wurden »Arbeitskreise für Qualitätsarbeit« gegründet.

»Diese Gruppen erkannten«, sagte Petersen später, »daß künstliche Schranken zwischen den Menschen systematisch den Fortschritt in Qualität und Leistung verhindern.«

Petersen meint, daß durch die Arbeitsgruppen eine Reihe von Lösungen für Probleme gefunden wurden, die in der Vergangenheit unbewältigt blieben. Zu diesen Problemen gehörten Ausbildung, Sicherheit am Arbeitsplatz und »Befriedigung« bei der Arbeit. Petersen ist stolz darauf, daß es bei Ford seit fünf Jahren keinen Streik gegeben hat und daß er zwei umfassende Tarifverträge mit der Gewerkschaft im gleichen Zeitraum abgeschlossen hat.

»Wir gehen davon aus«, sagt Petersen, »daß all unsere Leute einen wichtigen Beitrag zur Produktion von Qualitätsgütern leisten. Unsere Arbeiter bringen auf der ganzen Welt Begeisterung, Intelligenz und Stolz ins Werk, wo sie früher zu oft nur ihre Muskel- und Körperkraft einsetzten. Wir nennen diese Haltung Arbeitnehmermitverantwortung.«

Als ein Beispiel dieser Mitverantwortung am Arbeitsplatz berichtet Petersen von einer zweiundsechzigköpfigen Arbeitsgruppe nicht gewerkschaftlich organisierter Arbeiter im Getriebewerk von Livonia in Michigan, die mitgeholfen haben, das Layout des Werkes und die Fertigungsanlagen für die neuen 86er Mittelklassewagen Ford Taurus und Mercury Sable umzugestalten.

Durch die Mitverantwortung werden die Produktlieferanten schon bis zu drei Jahre im voraus in den Planungsprozeß von neuen Modellen eingeschaltet. Der Lieferant von Fiberglasdächern für den Taurus und Sable, die Johns-Manville Corporation, erhielt von Ford einen völlig neuen Vertrag »auf Lebenszeit der Fahrzeuge«. Ford will dadurch den Service und die Qualität für die Fahrzeuge garantieren und gleichzeitig dem Vertragspartner das sichere Gefühl einer dauerhaften Beziehung geben.

Mit unmittelbarem Bezug auf Iacoccas Führungsmethoden bei Ford rühmt sich Petersen der Beseitigung von »Schranken« zwischen den Arbeitnehmern. »Wir verschwenden weniger Zeit mit dem Ausbau von Organisationsplänen und konzentrieren uns mehr darauf, diese Strukturen zu verdichten. Wir haben 25 Prozent weniger Vizepräsidenten bei Ford als noch vor sechs Jahren.

Und wir lehnen einen Führungsstil ab, der den Untergebenen die Anweisungen von oben diktiert.«

Diesen Hinweis auf »das Diktieren von oben herab« könnte eine Anspielung auf Iacoccas Führungsstil sein. Tatsächlich hat Iacocca jedoch seinen untergebenen Führungskräften bei Chrysler mehr Entscheidungsspielraums gegeben, als es bei Ford zu seiner Zeit gab.

Petersen und Iacocca sind als Konzernchefs zwei grundsätzlich unterschiedliche Persönlichkeiten. Iacocca ist eher ein Mann für Einzelentscheidungen, ein Antreiber und Vorarbeiter. Oft verwirft er die von den Kollegen vorgeschlagenen Empfehlungen und Pläne. Petersen hingegen holt erst eine Vielzahl von Vorschlägen ein, bevor er in Absprache mit den Spitzenkräften eine Entscheidung vorbereitet.

»Wir wollen den Entscheidungsprozeß mehr in den unteren Bereich der Organisation verlagern«, sagt Petersen. »Wir sind gegen überflüssige Papierarbeit, Sitzungen, Berichte, Ausschüsse und strenge Kontrollen. Wir glauben, daß die Menschen ohne künstliche Schranken, die es in der klassischen Unternehmensstruktur gibt, besser arbeiten können.«

Um diese »Umformung« der Führungsmethoden durchzusetzen, hat Ford ein Millionenprogramm für die Ausbildung seiner Angestellten ins Leben gerufen. Die Teilnehmer kommen aus den obersten bis zu den untersten Rängen der Hierarchie. Ein Seminar über »mitverantwortliche Unternehmensführung und Arbeitnehmermitverantwortung« wurde 1984 für die Spitzenmanager von Ford veranstaltet. Petersen erhoffte sich davon, daß der »Geist der Teamarbeit, der gegenseitigen Rücksicht und Zusammengehörigkeit unsere ganze Organisation durchdringt«.

In den Seminaren werden Managementprobleme mit akademischen Lösungsmethoden diskutiert. Diese Unterrichtsform gefällt Petersen, der sich gern an seine Studienzeit in Stanford unter den prominenten Wirtschaftswissenschaftlern James Howell und Theodore J. Kreps erinnert. Petersen gehört zur Vereinigung der Hochintelligenzler. Obwohl er die technischen und geschäftlichen Dimensionen eines Riesenkonzerns meistert, könnte man ihn sich gut als Professor für Finanzen oder Management an den betriebswirtschaftlichen Fakultäten von Wharton oder der Michigan-Universität vorstellen.

Aber der Petersen-Stil ist nicht der Iacocca-Stil und wird es auch nie sein. Zusammen mit GMs Roger Smith versuchen beide, die Konkurrenzfähigkeit der Unternehmen gegeneinander und besonders gegenüber der Bedrohung aus dem Osten und Europa zu verbessern. Iacocca ist dabei nicht der Tyrann, für den manche seiner Kritiker ihn halten. Aber Seminare und dezentralisiertes Management spielen bei Iacocca nur zweite Geige im Vergleich zu Motivierung und Entschlußfreudigkeit. »Im Gegensatz zu allem, was die Lehrbücher verbreiten, werden wichtige Entscheidungen in den Konzernen nicht von Ausschüssen sondern von Einzelpersonen getroffen«.

Ich war immer für eine demokratische Vorbereitung der Entscheidung. Doch dann kann ich zum rücksichtslosen Befehlsgeber werden.«

Iacocca stellt fest, daß es bei Ford mehr Ausschüsse als bei GM gibt, wo das »Ausschußsystem« zuerst ins Management eingeführt wurde. Er meint, die Ausschüsse können ein gutes Forum für den Austausch von Meinungen und Plänen sein. Aber er warnt vor zu viel Verlaß auf Ausschüsse, die die Leistung verringern und teure Verzögerungen in Marketing und Produktplanung verursachen könnten. Einfach gesagt: »Zu viele Köche verderben den Brei.«

So wurde das erfolgreiche Kleinwohnmobil von Chrysler 1984 vorgestellt, aber es war schon von Harold Sperlich während der Jahre bei Ford entworfen worden. Erst als Iacocca und Sperlich bei Chrysler waren, wurde das Projekt wieder aufgenommen. Es gab keinen Ausschuß für den *Minivan*, der von Chryslers Entwicklungen mit Vorderrradantrieb profitieren konnte, die es in den mittleren 70er Jahren bei Ford nicht gab.

»Ohne den Druck durch die Architekten Sperlich und Iacocca wäre nichts aus dem *Minivan* geworden«, sagt ein Chrysler-Mitarbeiter. »Es war kein Fahrzeug, über das ein Ausschuß mit Finanzleuten, Ingenieuren oder Gewerkschaftlern entscheiden sollte.«

Starker persönlicher Einsatz hatte Chryslers *Minivan* ein Jahr vor der Konkurrenz ins Leben gebracht. GM hat zugegeben, daß die revolutionäre Reorganisierung der fünf großen Autowerke in zwei halbautonome Gruppen durch den späten Anschluß an Chryslers Dodge Caravan und Plymouth Voayager ausgelöst wurde. Beide Gruppen – Chevrolet-Pontiac-Canada-Saturn und Buick-Oldsmobile – wurden von GM beauftragt, die Neuwagenentwicklung zu beschleunigen, so daß man nicht wieder vom Durchbruch der Konkurrenz überrascht wird.

Laut Petersens Unternehmensführungskonzept muß es in einer »menschenorientierten« Struktur viele Ideen geben, weil eine Atmosphäre der »Kreativität, Offenheit und ausgewogener Risikobereitschaft« vorherrscht. Befreit man die Truppen von Befehlen von oben, so kommt es zu einer Welle von »wichtigen und produktiven Ideen«.

»Wir erlauben unseren Managern«, erklärt der Vorsitzende bei Ford, »wie Unternehmer zu handeln, wie die Eigentümer ihrer eigenen Firma. So wissen sie, daß vernünftige Risikobereitschaft belohnt wird.

Wenn ich von Risikobereitschaft spreche, so meine ich kein hemdsärmliges Abenteuerwesen. Ich spreche nicht vom Roulettespiel in Las Vegas.

Ich spreche von vernünftiger Urteilskraft, die zügige Entscheidungen ermöglicht, Entscheidungen, bei denen nicht jedes Mal der ganze Fragenkomplex von vorn aufgerollt werden muß. Wenn man sich wegen einer Frage zu Tode sorgt, bleiben die Alternativen verschlossen; man hat sich bereits zugunsten der Verzögerung entschlossen. ›Nein‹ kann man immer schnell sagen. Doch die erfolgreichen Entscheidungsträger wissen, wann sie ›Ja‹ sagen können.«

Der Ton und die Atmosphäre, mit denen wir arbeiten, entscheiden bei uns, ob die Ideen verwirklicht werden können. Wir schaffen die richtige Atmosphäre, um kreative Ideen in die Tat umzusetzen.«

Für Iacocca hat der Manager zwei Hauptaufgaben: entscheiden und motivieren. Petersens Theorie der stimulierenden Atmosphäre ist Iacocca zu seicht, fast so unauffällig wie das natürliche Wachstum. Iacocca freut sich, wenn seine Manager die Untergebenen durch direkte Kommunikation mitreißen. Dies geschieht im Gespräch Mann zu Mann, Frau zu Frau, vergleichbar mit der Kommunikation zwischen Verkäufern und Kunden.

Im Motivieren liegt der Kern von Iacoccas Verhältnis zwischen Manager und Untergebenem. Der Vorgesetzte muß seine Untergebenen motivieren, so daß sie seine Anweisungen gern befolgen. (»Geh nicht weg, ohne die Anweisung formuliert zu haben«, schreibt er.) Führungskräfte, die nicht zuhören können, müssen mit Loyalitätsverlust rechnen. Wer niemals die guten Ideen seiner Untergebenen lobt, wird bald angefeindet. »Man muß gut zuhören können, wenn man seine Leute zur Arbeit motivieren will«, meint Iacocca. In dieser Hinsicht scheint er mit den nicht-autoritären Ideen der Schule um Petersen übereinzustimmen. »Gerade an diesem Punkt unterscheidet sich ein durchschnittlicher Laden von einem erstklassigen Unternehmen«.

Was mich als Manager am meisten befriedigt: Wenn ein Mitarbeiter, den das System mit dem Stempel ›durchschnittlich‹ versehen hat, so richtig aus sich herauskommt, nur weil sich jemand seine Probleme angehört und ihm bei der Lösung geholfen hat.«

Iacocca und Petersen unterscheiden sich *im Ausmaß*, mit dem sich ein Manager durchsetzen soll. Aber dieses Maß kann recht groß sein. Petersen hat den Stilisten bei Ford große Freiheit gegeben, einen radikal neuen »aerodynamischen« Wagen zu entwickeln, der die Kastenform der amerikanischen Autos aus den 70er Jahren ersetzen sollte. Die ersten Autos mit dieser Form – Thunderbird und Tempo – hatten anfangs Schwierigkeiten auf dem Markt, konnten sich aber dann durchsetzen. Ein Iacocca hätte »zugehört« und »beim Problemlösen geholfen«, indem er weniger riskante Designs angeordnet hätte.

Petersens Methode entläßt den Spitzenmanager nicht aus seiner Gesamtverantwortung für die Entscheidungen der Gruppe. Diese Erfahrung mußte Iacocca schmerzlich bei Ford machen. Laß die Küken laufen, aber achte darauf, daß sie nur in deine Richtung gehen.

20. Wer soll die Arbeit fortsetzen?

Nichts hält ewig, auch nicht der Ruhm eines Firmenstars im Jahre 1985. Ein dominierender und entfesselter Boß wie Lee Iacocca kann nicht hoffen, ein genaues Abbild als Nachfolger finden oder schaffen zu können. Bei einem Konzern mit gewöhnlich ordentlicher Machtübergabe ist es leichter, einen gleichartigen Nachfolger oder ein sehr genaues Ebenbild heranzuziehen.

Wie sieht Chryslers nächstes Führungsteam aus, und was hat Iacocca getan, um die Fortsetzung der Unternehmensführung und der Gewinneinnahmen zu gewährleisten? Man hat sich wegen der Nach-Iacocca-Zeit bei Chrysler große Sorgen gemacht. Iacocca umgab sich im Büro des Vorsitzenden nur mit den ehemaligen Mitstreitern aus der Ford-Zeit, die auf seiner Wellenlänge arbeiteten: der stellvertretende fünfzigjährige Vorsitzende Gerald Greenwald, der Finanzexperte, Präsident Harold Sperlich, fünfundfünfzig und Chryslers Produktionschef, und der neueste an Bord, der leitende Vizepräsident Ben Bidwell, der achtundfünfzigjährige Verkaufs- und Marketing-Star. Man hat Bidwell gefragt, ob das Dreigestirn plus eins Chrysler auch noch als Dreigestirn minus eins erfolgreich leiten kann: »Ich weiß, was Sie denken. Da marschiert der Tambourmajor durch die Straßen und man fragt sich, ob die Kapelle gleich hinterhermarschiert oder erst drei Straßenzüge nachhängt. Ich verstehe die Frage: Wird dann jeder auf seinem Hintern landen?«

Bidwell scheint zu versichern, daß das Dreigestirn unter dem Vorsitzenden »gut miteinander auskommt, unsere Arbeit gut kennt und sich gegenseitig ergänzt«.

Greenwald arbeitet an einem fünfjährigen Produktprogramm mit einem Haushalt von 10,5 Milliarden Dollar. Sperlich beendet gerade die Entwicklung von Autos, die GMs Position auf dem Oberklassewagenmarkt herausfordern soll. Keine Angst, scheint die Chrysler-Troika zu sagen, nach Iacoccas Ausscheiden gibt es »Leben« bei Chrysler.

Doch Zeitschriften wie *Automotive News* sehen dunkle Wolken am Horizont. Am 25. März 1985 schrieb der Reporter Dan McCosh: »Ohne Rücksicht auf den Ausscheidungstag muß man Chrysler ohne Iacocca wie jeden anderen Autokonzern mit Fehlern und Vorzügen sehen. Allerdings fehlt dann Iacoccas Persönlichkeit.

Dann erkennt man ein viel komplizierteres Unternehmen, als es die bisherige Einmannschau hat durchblicken lassen, ein Unternehmen, das sich immer noch eifrig um eine Marktecke in der sich schnell internationalisierenden Autoindustrie bemüht.«

Gemäß einer informierten Quelle war Henry Ford II überzeugt, Iacocca wäre als Konzernchef bei Ford so dynamisch und diktatorisch geworden, daß das Unternehmen nach seinem Ausscheiden steuerlos gewesen wäre.

Im Gegensatz dazu wurde der Übergang vom Vorsitzenden Philip Caldwell zum Vorsitzenden Donald Petersen die reibungsloseste Wachablösung in der Geschichte von Ford. Er glich der GM-Methode, die wegen des Chaos nach William C. Durant in den frühen 20er Jahren eingeführt wurde. Das System war von Alfred P. Sloan Jr. entwickelt worden und ist seitdem von Dutzenden von US-Unternehmen kopiert worden.

Doch Iacocca gehört so fest zu Chrysler und dessen Produkte, daß selbst die Mitglieder des Dreigestirns ungern an den Schaden denken, der durch ein frühzeitiges Ausscheiden entstehen würde. »Es muß eine Bewußtseinslücke geschlossen werden«, meint ein hochrangiger Marketingleiter. »Doch es ist verdammt schwer, Iacocca vom Produkt zu trennen. Er weiß es auch, aber noch hat man nichts dagegen unternommen.«

Durch Iacoccas Betonung von Loyalität und den Hinauswurf von fast allen ehemaligen Chrysler-Vizepräsidenten entsteht das Risiko, daß die jetzigen Vizepräsidenten nicht genug Kreativität und Innovationsgeist mitbringen, um sich später den veränderten Märkten anzupassen. Vielleicht sind die Angestellten zu abhängig von Iacocca geworden. Colbert hatte als Kellers Nachfolger bei Chrysler auch wenig Erfolg, und Riccardo stolperte als Townsends Nachfolger.

»Ein guter Vorsitzender kann Schneewittchen sein«, sagt Robert H. Rock, ein Unternehmensberater aus Philadelphia, der sich Gedanken über Unternehmen mit einer Iacocca-Führung macht, »aber wenn die Dinge schiefgehen, haben die sieben Zwerge nicht genug Einfallsreichtum und Erfahrung, um Alternativen zu erfinden.«

Wenn es bereits wenige unterschiedliche Meinungen zur Iacocca-Zeit gibt, wie wird es erst um den Konzern stehen, wenn Iacocca das Unternehmen verlassen hat? Wenn er dieses Problem endlich erkennt, sollte er am besten als Vorsitzender im Amt bleiben und die Hauptgeschäftsführung einem der drei anderen Führungskräfte im Büro des Vorsitzenden überlassen.

Doch für Iacocca würde ein derartiger Schritt den Rücktritt bedeuten. Ein dankbarer Aufsichtsrat hat ihm große Aktienpakete für den Fall angeboten, daß er im Amt bleiben sollte. (Doch was einmal beschlossen wurde, kann wieder von einem untertänigen Aufsichtsrat aufgehoben werden.) Iacoccas Freude am

Dasein eines Königs könnte sich ironischerweise gegen Chryslers zukünftige Entwicklung wenden.

Und dann gibt es Kritiker, die nichts vom großen Rummel um Iacocca halten und meinen, er wäre ein zweitklassiger Manager, der durch Einschüchterung anstatt durch professionelle Expertise herrscht. Doch ein Element von »Herrschaft durch Furcht« gehört zur entscheidungsgebenden Autorität jedes Topmanagers. Schließlich hat er die Macht, seine Angestellten zu entlassen, zu degradieren oder zu übergehen. Wegen seiner mächtigen Ausstrahlungskraft ähnelt Iacocca mehr einem Tyrann als viele seiner Kollegen bei anderen Unternehmen. Aber tatsächlich verbindet sich in ihm ein starker Charakter mit Fachkenntnissen und einem Weitblick, der für die vielen wichtigen Entscheidungen von größter Bedeutung ist. Ein »Großmaul« allein hätte Chrysler nicht gerettet.

Als Chrysler die 1986er Modelle in Auftrag gab, schien Iacocca sich mit dem Gedanken an Pensionierung oder eine neue Blitzkarriere zu beschäftigen. Mit typischem Sinn für Pragmatismus verkündete er das Geschäft mit Chryslers Partner Mitsubishi über ein neues Werk in den Vereinigten Staaten für den Bau von Kleinwagen in den späten 80er Jahren. Diese Entscheidung fiel nach Jahren heftiger Angriffe auf die unausgeglichene japanische Handelsbilanz mit den Vereinigten Staaten und nach öffentlicher Kritik am Mitsubishi-Management.

Gleichzeitig fuhr der unermüdliche Iacocca nach Korea, um einen Produktionsvertrag über Autoteile mit einer südkoreanischen Firma abzuschließen. Demnächst wird Chrysler einen Autoproduktionsvertrag mit den Südkoreanern unterzeichnen, deren Lohnkosten nur bei zwei oder drei Dollar die Stunde liegen.

In ihrem vierten Leitartikel über Iacocca schrieb die Zeitschrift *Time* am 1. April 1985: »Iacocca macht es am meisten Spaß, wenn die Führung eines Autokonzerns zur militärischen Herausforderung wird – drängend, umfassend und möglichst heroisch.«

Dennoch sind die große Karriere und Presseerklärungen im Stile von Hollywood nicht das wichtigste an Iacoccas Geheimnis der Unternehmensführung. Obwohl der Rummel seine Persönlichkeit herausgestellt und Chryslers Image aufgebessert hat, hätte er den Status eines »Superführers« in der amerikanischen Industrie nicht ohne starkes Sendungsbewußtsein und dynamische Entschlußfreudigkeit erreichen können. Die früheren Chrysler-Chefs hatten diese Grundlagen der Unternehmensführung aus dem Auge verloren, während sich die Welt um sie herum veränderte. Iacocca hat viele seiner Fähigkeiten bei Ford erworben und bei Chrysler erfolgreich in die Tat umgesetzt.

Als Iacocca 1978 zu Chrysler kam, war die Firma schwer angeschlagen. Die ernste Lage erforderte drastische Lebensrettungsmaßnahmen, die man bei Ford bisher nicht kannte. Dazu gehörten die Verbesserung der Produktqualität und der Austausch eines selbstgefälligen Managements, das sich wenig um gute Qualität kümmerte. Diese Maßnahmen haben letztendlich Chryslers Überleben ermöglicht.

Daß diese Aktionen eine leistungsfähigere Organisation mit durchlässigeren Autoritätsstrukturen hervorbrachten, wurde von Iacocca als willkommenes Nebenprodukt seiner Bemühungen begrüßt. Der erstaunliche Gewinn des Jahres 1984 bedeutet eine völlige Umkehrung der roten Zahlen aus den späten 70er und frühen 80er Jahren. Iacocca hatte die Ertragsschwelle kräftig gesenkt und den Absatz bei einem guten Markt für Neuwagen und Laster enorm gesteigert – ein doppelter Vorteil, den sich Chrysler in der Vergangenheit entgehen ließ.

Kann Chrysler ohne die Stars erfolgreich weiterarbeiten? Einige bezweifeln dies und meinen, daß der Konzern ohne Iacocca seine Vitalität und Energie verlieren wird. Andere wiederum meinen, daß das von ihm wieder aufgebaute Haus so stark ist, daß es unter jedem Geschäftsführer weiterbestehen kann.

Bei einem typischen Zehnstundentag trainiert Iacocca im Fitnessraum, den er in der Geschäftsführungsetage der Chrysler-Zentrale gebaut hat. Er genießt die täglichen Reportagen über seine Arbeit und die Berichte über seinen Erfolg als einen der ersten allgemein beliebten und fast verehrten amerikanischen Helden aus der Geschäftswelt. John D. Rockefeller, Andrew Carnegie und selbst Henry Ford II wurden respektiert und gefürchtet, aber sie erhielten keinen Applaus von ihren Arbeitern. Keiner wollte ihr Autogramm mit Bild, und keiner empfing Tausende von Briefen pro Woche.

»Helden entstehen durch die öffentliche Nachfrage; manchmal werden sie aus sehr einfachem Material geschaffen«, schrieb Gerald White Johnson 1943 in einem Buch über amerikanische Helden und Heldenverehrung: »... der Apfel, den Wilhelm Tell niemals traf, der Ritt, den Paul Revere im Kolonialkrieg niemals beendete, die amerikanische Fahne, die Barbara Fritchie niemals stickte.«

Bei Lee Iacocca wurden Stil und Substanz aus solidem Material geschaffen, das darauf wartete, zum richtigen Zeitpunkt eingesetzt zu werden. Der richtige Augenblick kam, und ein Manager-Held wurde geboren.

Stichwortverzeichnis